한국경제의 성장,
현황 및 전망

구재운

서울대학교 경제학과를 졸업하고 미국 워싱톤대학교(세인트루이스 소재)에서 경제학 박사학위를 취득하였다. 현재 전남대학교 경제학부 교수로 재직 중이며, 한국경제학회 호남지회장, 한국금융학회 부회장, 그리고 한국은행과 KDI의 자문 교수를 역임하였다. 기업투자, 금융 자유화, 지역금융, 지역소득, 소득분배 등에 관한 연구로 국내외 학술지에 다수의 논문을 게재하였고, 『시카고학파의 경제학』, 『지역경제와 지역산업 구조의 개편방향』 등을 공저하였다.

한국경제의 성장, 현황 및 전망

2023년 12월 15일 인쇄
2023년 12월 20일 발행

지은이 | 구재운

펴낸이 | 김광석
펴낸곳 | 전남대학교출판문화원
주소 | 61186 광주광역시 북구 용봉로 77
전화 | (062) 530-0571~3 팩스 | (062) 530-0579
등록 | 1981. 5. 21. 제53호
홈페이지 | http://www.cnup.co.kr
이메일 | cnup0571@hanmail.net

값 15,000 원

ISBN 978-89-6849-998-2 (03320)

한국 경제의 성장, 현황 및 전망

구재운 저

The Past, Present, and Future of the Korean Economy

전남대학교출판문화원

들어가는 말

경제학 교수로 봉직한 기간이 30년을 넘어 이제는 정년을 목전에 두고 있다. 그동안 많은 과목을 가르쳐 왔다. 거시경제학이 주 전공이지만 학과 사정에 따라 비전공 과목을 담당한 경우도 있었다. 전공이 아닌 과목을 가르친 경험도 경제학에 관한 식견을 늘리는 데에 도움이 되었던 것 같다. 나이가 들어감에 따라 전공 과목보다는 교양 과목을 가르치는 경우가 많아졌다. 사실 최신 전공 지식을 제대로 따라가기가 힘들다보니 전공 지식보다는 일반 학생을 대상으로 교양 지식을 강의하는 것이 더 편해졌다. 깊이 있는 최신 전문 지식은 좀 부족할 수 있으나 경험이 쌓이고 시야가 넓어져서 교양으로 경제학을 강의하는 데에는 더 자신감이 생긴 듯하다. 학생을 가르치는 보람도 커졌다. 경제학부 외에 다양한 학과의 학생들이 수강 신청을 해 온다. 비전공 학생들과 교유하는 것도 색다른 재미가 있다. 아주 기초적인 것부터 차근차근 가르치는 것도 즐겁다. 가끔은 엉뚱한 질문도 해 오지만 답을 생각하다 보면 내 자신이 새롭게 깨닫는 것도 많다.

최근 몇 년 동안은 '한국경제의 이해'라는 교양 과목을 매학기 강의하고 있다. 이 책의 내용은 그 과목의 강의안 중 상당 부분을 기초로 하고 있다. 학생 수가 많다 보니 교수가 일방적으로 가르치는 방식을 취하고 있지만 가끔은 학생들의 의견을 청취하곤 한다. 대다수의 학생이 1학년이어서 경제학에 대해 배워본 적이 거의 없다고 할 수 있다. 중·고등학교 시절에 배우는 사회 과목에서 경제에 관련된 내용을 조금 접한 것 같다. 학생들을 가르치면서 가장 놀란 점은 젊은 학생들이 의외로 한국경제에 대해 상당히 부정적인 생각을 하고 있다는 것이다. 우리의 과거를 그다지 자랑스럽게 여기지도 않고 현재 당면한 문제를 굉장히 힘들어하며 미래에 대해서도 썩 낙관적이지 않은 것처럼 느껴졌다. 평생 경제학을 전공한 사람으로서 학생들이 이런 생각에 매몰되어 있다는 점이 매우 안타깝다. 사실 한국경제의 성장은 세계가 놀랄 정도로 훌륭한 성공 사례이다. 외국인들에게 한국의 가장 주목할 만한 점 한 가지를 지적하라고 하면 아마도 경제성장일 것이라는 생각이 든다. 삼성전자도 있고 현대자동차도 있고 어쩌면 요즘 유행하는 한류도 자랑할 만하나 짧은 기간에 가난을 벗어나 선진국 대열에 진입한 경제성장이야말로 한국이 내세울 수 있는 가장 큰 자랑거리이다. 현재는 성장이 많이 둔화되었고 당면한 문제가 산적하여 미래가 우려되는 것도 사실이나 붕괴를 우려할 정도는 아니다. 과거와 같은 고도성장은 어렵겠지만 앞으로도 지속적인 성장이 충분히 가능하다고 전망할 수 있다.

이 책의 집필 동기는 분명하다. 한국경제의 과거 성장 과정을 이해하고 현재 성장이 둔화된 원인을 분석한 후에 미래의 성장 가능성을 전망하는 데에 있다. 목표가 좀 포괄적이라고 볼 수도 있다. 한국경제의 모든 부문을 망라하는 것은 아니고 주로 국민소득의 증가에 대해서 집중 분석하기 때문에 세부적인 경제 문제까지 자세히 논하지는 못한다. 문제를 지적하는 데에 그치는 경우가 많고 구체적인 대안을 제시하는 데에는 부족하나 원칙이나 방향은 되도록 명확하게 제시하려고 애썼다.

사실 한국경제의 성장에 관한 서적은 다수 출간되어 있다. 개발 초기의 성공에 집중하여 서술된 책도 있고, 성장 동력의 발굴 등 미래 지향적인 관점에서 집필된 책도 있다. 본서는 폭넓은 경제이론의 관점에 비추어서 한국경제의 성장 현상을 설명하는 데에 주력하였다. 일반인도 이해할 수 있도록 수식은 사용하지 않고 최대한 글로 설명하려고 노력하였다. 통계도 남발하지 않고 꼭 필요한 경우에만 제시하였으며 중요한 사례를 들어 독자의 이해를 도왔다. 다만 주석은 가능한 한 자세히 기술하였다. 전공 학생 중 더 깊은 지식이나 본문 내용의 출처를 알고 싶은 경우에는 주석에 인용한 자료를 참고할 수 있도록 하였다.

몇 년째 이 내용으로 강의를 해 왔기 때문에 강의안을 잘 정리하면 금방 책이 될 것이라고 생각한 것이 잘못이었다. 그동안 이런저런 주제의 학술 논문이나 공저로 책의 일부분을 집필한 적은 있으나 단독으로 저서를 쓴 것은 처음이다. 많은 책을 출간한 선배 저자들에게 진심으로 경의를 표하고 싶다. 본서를 준비하는 과정에서 단편과 장편은 아예 다른 장르인 것을 알게 되었다. 논문과 달리 일관된 흐름을 유지하며 많은 내용을 담는 작업이 결코 쉬운 일이 아니었다. 물론 저서의 완성 후에는 여러 가지 부족한 점이 있음에도 불구하고 성취감은 훨씬 크다는 것도 알게 되었다.

많은 분들의 도움을 받았다. 외국 책들을 보면 서문에서 동료 학자들에게 사의를 표하는 경우가 많다. 이 책의 경우에는 특정인을 거명하지는 않았다. 한국 학계의 풍토 때문인지 아니면 저자 본인의 성격 때문인지 모르겠으나 사실상 혼자서 생각한 내용을 주위의 사전 자문 없이 그대로 정리하였다. 특정인의 직접적인 도움을 받지는 않았으나 선후배 경제학자들의 선행 연구의 도움이 없었으면 이 책의 저술은 불가능했을 것이다. 이 책에 인용한 많은 이론과 실증은 저자 본인의 분석 결과가 아니라 국내외 많은 경제학자들의 노고의 결과이다. 그들의 주장을 정리하여 일반인이 이해하기 쉽게 풀어 쓴 것에 불과하다. 물론 저자가 잘못 이해했거나 제대로 정리하지 못한 부분도 있을 것이다. 세부적인 오류의 가능성은 있지만 큰 흐름은 놓치지 않으려고 노력하였다. 그동안 강의를 들어준 학생들에게도 감사한다. 특히 강의 내용에 대해 의문을 제기하고 자신의 의견을 제시해 준 학생들에게 감사를 표하고 싶다. 학생들의 질문에 대한 답변을 생각하는 과정에서 저자의 생각이 많이 정리되었다.

정년을 앞둔 상태에서 한국 경제학계에 무엇인가 공헌을 해야겠다고 생각했다. 이 책이 공헌이 될지 아니면 오히려 누가 될지는 모르겠지만 한국경제에 대한 입문서 역할을 할 수 있으면 더없이 기쁠 것 같다. 태어나서 지금까지 살아왔고 아마도 죽음도 맞이할 한국의 경제가 계속 성장하기를 간절히 염원한다.

2023년 12월 1일

구재운 씀

목 차

첫 번째 장

머리말

한국경제의 성장은 기적도 아니고 신기루도 아니다. 경제이론에 따르면 한국의 경제성장은 당연한 결과이며 앞으로도 견실하게 성장은 유지될 것으로 전망한다.

2차 세계대전 이후 많은 나라가 제국주의 식민 지배를 벗어나 독립했다. 아프리카, 아시아 등지에서 주로 유럽 강대국들의 식민지였던 많은 지역이 신생국으로 다시 태어났다. 한국은 1945년에 일본의 패망으로 독립을 쟁취하였다. 해방 직후 한국의 경제 수준은 매우 열악하였다. 1960년도 한국의 1인당 소득은 80달러로 세계 최하위 수준이었다. 더욱이 1950년부터 1953년까지 벌어진 한국전쟁으로 그나마 가지고 있던 생산시설마저 대부분 파괴되었다. 휴전 후에는 정치적 소요 사태가 지속되어 사실상 경제성장은 불가능했다. 한국은 부존자원이 매우 빈약하다. 약간의 석탄, 석회석, 금 외에 산업화에 필수적인 주요 자연자원은 거의 보유하고 있지 않다. 특히 현대 산업사회에서 가장 중요한 에너지 자원인 석유나 천연가스는 전혀 나오지 않는다. 유라시아 대륙의 동쪽 끄트머리에 중국, 러시아, 일본 등에 둘러싸여 있다는 지정학적 특성 때문에 강대국의 영향을 벗어나기도 어렵다. 하지만 해방 이후 지난 70여 년 동안 한국이 보여 준 경제성장은 그야말로 눈부시다고 밖에 표현하기 어렵다. 경제뿐 아니라 정치, 사회, 문화 등 모든 면에서 한국은 당당히 선진국 수준에 이르렀다.

한국경제가 본격적으로 성장 가도에 진입하게 된 시점은 1962년에 경제개발 5개년 계획이 시행된 이후이다. 6차례의 경제개발 5개년 계획은 한국의 산업화를 선도하였다. 특히 1970년대 초반에 시작된 중화학공업의 육성이 중요한 기폭점이 되었다. 이 기간에 설립된 삼성전자, 현대자동차, 포항제철(현 포스코)과 현대중공업 등은 세계적으로 경쟁력 있는 대기업으로 성장하여 지금도 한국경제의 든든한 버팀목이 되고 있다.

1980년, 정치적 격변기를 거친 한국경제는 안정적 성장 단계에 들어서서 세계화globalization와 자유화liberalization를 추진한다. 미국 주도의 신자유주의 정책이 전 세계를 휩쓸던 시기였다. 그러나 준비 없이 너무 조급하게 세계화를 추진하는 바람에 1997년 말에는 외환위기currency crisis를 당하게 된다. 금융기관과 대기업의 파산, 실업의 폭증, 고금리의 부담 등 승승장구하던 한국 경제로서는 너무나 충격적인 경험을 하게 된다. 그 결과 1998년도에는 마이너스 성장을 하게 되었으나 강력한 구조조정정책의 추진과 국제통화기금IMF의 구제금융 제공으로 위기를 빠르게 벗어나서 세계를 다시 한번 놀라게 한다.

2000년대에 들어서서 한국은 때마침 세계적으로 붐을 이룬 정보통신기술ICT의 급성장과 함께 본격적인 성장 가도를 달리게 된다. 2000년대 초반의 세계경제는 지속적인 호황을 구가한다. 정보통신기술의 급속한 발전에 따른 생산성 향상도 있었으나 유동성의 과다 공급 때문에 발생한 주택시장의 활황으로 '대완화the Great Moderation'라고 부르는 유례없는 호경기를 맞이하게 된다. 그러나 주택시장이 붕괴되며 2008년도에는 미국발 글로벌 금융위기가 찾아온다. 2011년 유럽 국가들의 재정위기까지 겹치게 되어 세계 경제는 큰 침체에 빠지게 되고 수출 의존도가 높은 한국경제 역시 타격을 받아 경제성장률이 크게 떨어진다. 이 시기의 전 세계적인 경기침체는 대공황 이후 가장 심각한 수준으로 '대침체the Great Recession'라고도 한다.[1] 경기 부양을 위해 각국은 양적완화Quantitative Easing와 같은 대대적인 유동성 확대 정책을 시행하게 된다.

그 후 10년 동안 한국경제의 성장률은 평균 3퍼센트 수준에서 안정된다. 한국은 2018년도에 '30-50 클럽'에 속하게 되었다. 인구 5천만 명 이상으로 소득이 3만 달러 이상인 국가는 한국을 포함하여 7개국에 불과하다.[2] 1945년 해방 이후 70

1 1929년에 시작한 대공황(the Great Depression) 기간에 미국의 최고 실업률은 25퍼센트였고, 대침체 기간에는 그보다는 낮지만 거의 10퍼센트에 달해 역사상 두 번째로 높은 수준이었다.

2 '30-50 클럽'에 속한 국가로는 일본, 미국, 영국, 독일, 프랑스, 이탈리아가 있다. 일본은 1994년에 소득이 3만 달러를 넘어 미국보다 먼저 30-50

여 년 만에 세계에서 가장 빈곤한 국가를 벗어나서 가장 잘 사는 경제 대국의 하나로 성장한 한국의 사례는 세계 역사에서 그 유례를 찾기 어려울 정도로 극적인 성공 사례라고 말할 수 있다.

한국경제의 성장을 어떻게 이해할 것이냐는 매우 중요하다. 과거를 어떻게 해석하느냐가 미래의 성장 방향에 대해 시사하는 바가 크기 때문이다. 본서는 한국경제의 성장이 '한강의 기적'으로 간단히 넘길 만큼 그저 우연한 것은 아니라는 점을 강조한다.[3] 경제성장 이론에 비추어 볼 때 한국경제의 성장은 당연한 결과였다. 만약에 한국경제의 성장이 기적이라고 하면 반대의 경우도 얼마든지 발생할 수 있다. 알 수 없는 이유로 한국경제의 성장이 신기루처럼 사라져 버릴 수도 있다. 한국경제의 성장이 명확한 이유에 의해서 발생한 것이라면 그 몰락도 충분한 이유가 없이는 절대 불가능하다. 본서는 한국경제의 성

클럽에 가입한다. 미국은 1996년에 소득 기준을 충족한다. 30-50 클럽은 실재하는 것은 아니고 가상의 개념이다. 인구 대국이 1인당 소득을 높이기가 어렵다는 점을 감안할 때 30-50 클럽에 속하는 것은 대단한 성취라고 봐야 한다.

3 2차 세계대전 이후 서독의 비약적인 경제 부흥을 흔히들 '라인강의 기적'이라고 일컫는다. 마찬가지로 한국의 경제성장을 '한강의 기적'이라고 부르는 경우가 많다. 독일은 비록 2차 세계대전에서 패배하였지만 전쟁 전에도 세계적인 강대국이었으므로 전후에 빠르게 복구한 것이 그다지 놀랍지 않다. 그에 비해 독립 전에는 낙후된 농경사회에 불과했던 한국이 짧은 시간 내에 제조업 강국이 된 것은 마치 무에서 유를 창조한 것처럼 대단한 성취인 것은 분명하다.

장에는 분명히 이유가 있으며, 따라서 미래에도 지속 가능하다고 주장한다.

경제이론은 성장의 원천을 명확히 밝히고 있다. 투입물의 증가 또는 생산성의 향상이 경제성장의 원천이다. 투입물이 증가하면 당연히 산출물도 증가하기 마련이다. 그러나 투입물의 증가에 의존한 성장은 곧 한계에 도달할 수 있다. 투입물을 계속 증가시키는 것이 어렵기 때문이다. 노동이나 자본과 같은 투입물을 계속 늘리기는 쉽지 않다. 결국은 생산성이 향상되어야 한다. 생산성은 투입물 대비 산출물의 비율을 의미한다. 동일한 크기의 투입물을 투입해서 더 많은 산출물을 생산할 수 있으면 얼마든지 성장이 가능하다. 생산성의 향상이 지속적 성장의 관건이다. 생산성 향상을 위해서는 기술 발전과 효율성 증진이 뒷받침되어야 한다. 기술이 발전하면 동일한 크기의 노동이나 자본을 투입하더라도 생산량이 증가한다. 그러나 기술 발전만으로 오늘날 선진국과 저개발국 사이의 소득 차이를 완전히 설명하기는 어렵다. 최근에 경제학자들은 경제성장의 또 다른 결정 요인으로 경제체제의 효율성에 주목하고 있다. 똑같은 기술을 채택하더라도 더 효율적인 체제일수록 성장률이 높아진다는 점을 알게 되었다. 경제의 효율성이 성장에 중요하다는 주장에는 다들 동의한다. 그런데 문제는 이 효율성이 매우 다양한 요인의 영향을 받는다는 점에 있다. 경제체제, 법 제도, 개방성, 금융발달 수준, 사람들의 정신 자세, 문화 등 효율성에 영향을 미치는 요인은 너무 많다.

경제이론의 관점에서 보면 한국경제의 성장은 지극히 당연한 결과이다. 자본이 부족한 개발 초기에는 외국으로부터 차관 또는 차입에 의존하여 자본재를 빠르게 축적하였다. 값싼 노동이 풍부했으며 열성적인 교육을 통해 국민의 인적자본이 빠르게 증가하였다. 자연자원의 부족은 큰 문제가 아니었다. 석유 등 대부분의 자원을 외국에서 수입하여 생산에 활용할 수 있었다. 초기에는 선진기술을 주로 수입했으나 최근에는 연구개발투자를 통해 자체 개발한 기술 수준이 상당히 높다. 특히 정보통신산업 등 몇몇 산업에서는 세계적으로 기술을 선도하는 수준에 이르렀다. 효율성 측면에서도 한국경제의 성장은 충분히 설명될 수 있다. 무엇보다도 자본주의 경제체제를 선택한 것이 주효했다. 사회주의보다 자본주의 체제가 성장에 유리하다는 것은 자명하다. 수출주도형 경제로 일찍이 개방경제를 지향하여 외국의 선진기술과 경영기법을 습득하였다. 외국으로 시장을 확대함에 따라 규모의 경제를 최대한 활용할 수 있었다. 정치적으로 안정적이었으며, 단계적으로 민주화가 진행되었다. 초기에는 정부가 개발을 주도하였으나 점차 시장경제가 확산되었다. 정부의 리더십 뿐 아니라 몇몇 선각자들의 기업가 정신 역시 경제성장의 견인차가 되었다. 개개인의 성공 욕구도 왕성하였으며, 사회 전체적으로 신용과 정직, 성실이 중시되는 문화가 정착하였다. 동서 간 냉전시대에 미국 등 서구 진영의 도움도 받을 수 있었다. 이처럼 한국경제의 성공은 결코 우연이 아니며, 성장이론에 따라 충분히 설명이 가능한 당연한 결과였다.

한국경제는 경제성장의 '안나 카레니나 법칙'이 성공적으로 실현된 경우이다.[4] 성장에 성공한 경제는 다양한 성장 요인을 대부분 어느 정도는 충족한다. 성장에 실패한 경제는 여러 가지 다른 이유로 실패한다. 즉 성장 요인 중 하나라도 제대로 충족하지 못하면 실패할 가능성이 있다. 한국경제는 대부분의 성장 요인을 어느 정도는 충족하였기 때문에 성장에 성공할 수 있었다.

최근 들어 한국경제의 성장률은 크게 낮아졌다. 2010년대의 연평균 경제성장률은 3.3퍼센트로 1980년대의 8.9퍼센트에 비하면 매우 낮다. 경제가 성장함에 따라 성장률이 낮아지는 것은 매우 자연스러운 현상이지만 성장률이 하락한 원인은 파악해야 한다. 원인을 알아야 대처 방안이 나오기 때문이다. 과거에 비해 노동, 자본의 투입이 줄어들었다. 노동시간도 감축되었고 저축률, 투자율도 예전보다 떨어졌다. 더 중요한 점은 생

4 행복에 대한 안나 카레니나 법칙에 따르면, 행복한 사람은 모두 비슷한 이유로 행복하나 불행한 사람들이 불행한 이유는 제각기 다르다. 행복을 결정하는 요인은 인간관계, 부, 건강 등 다양하다. 모든 요인을 어느 정도는 다 충족해야 행복하며, 그중 하나의 요인이라도 크게 어긋나면 불행해질 수 있다는 것이다.

산성이 하락하였다는 것이다. 한국경제의 구조 변화가 성장률을 낮추는 원인으로 작용하고 있다. 제조업보다 서비스업 중심으로 산업구조가 변모하였으나 서비스업의 생산성이 극히 저조하다. 서비스업 비중이 높아지는 탈산업화deindustrialization의 경향에 따라 경제 전체의 생산성 향상이 둔화되고 있다. 인구구성도 크게 달라지고 있다. 저출산과 기대 수명의 연장으로 고령화 사회로 급속도로 이행하고 있다. 고령층의 생산성이 낮으므로 사회 전체의 평균 생산성도 낮아지고 있다. 기술 발전 속도도 둔화되었다. 최첨단 기술을 선도하지 못하면 국제 경쟁력이 떨어질 수 있다. 미중 무역전쟁 등으로 세계화 추세가 주춤거리면서 경제 개방에 따른 이득도 과거에 비해 줄어들었다. 기업가정신도 퇴색한 듯하고 성장을 추구하는 문화도 예전에 비하면 사그라들었다. 정부의 성장정책도 큰 효과를 보지 못하는 듯하다.

경제성장률이 하락하고 여러 난관을 쉽게 극복하지 못하자 한국경제의 미래에 대한 비관론이 힘을 얻고 있다. 그러나 한국경제가 갑자기 몰락할 가능성은 크지 않다. 다양한 성장 요인을 나름 충족하면서 계속 성장해 온 한국경제가 갑자기 붕괴한다고 하면 지금까지와는 정반대의 일이 벌어져야 한다. 아르헨티나, 베네수엘라 등 남아메리카의 국가들이 세계 최고 수준의 부를 누리다가 갑자기 성장이 역전되어 중진국 수준 이하로 하락한 경우가 있었다. 아르헨티나는 2차 세계대전 직후에는 세계 7위의 부국이었으나 지금은 1인당 소득 수준이 1만 달러 정도인 평범한 중진국으로 전락하였다. 한국경제도 그렇게 추락할 수 있을까. 본서는 그런 일은 지극히 발생하기 어렵다고 본다. 그 이유는 성장이론의 관점에서 볼 때 한국경제가 급격히 추락하기는 어렵다고 보기 때문이다. 그동안 한국경제를 성장시킨 긍정 요인들이 전부 반대로 작동하는 일이 벌어지기는 쉽지 않다.

물론 한국경제에 상당히 어려운 상황이 닥칠 것이라는 의견에는 동의한다. 지금까지는 후발국의 이점이 있었다. 선진국의 경험을 따라가며 비교적 순조롭게 성장해 온 것은 사실이다. 과일나무의 낮은 쪽에 열려있는 열매는 이미 다 따 먹었다. 이제부터는 높은 쪽에 열려있는 열매를 힘들게 따야 한다. 기술발전을 통한 생산성 향상이 앞으로의 경제성장을 좌우할 것은 분명하다. 현재의 반도체산업, 2차전지산업과 같은 새로운 성장 동력 산업의 꾸준한 발굴이 필요하다. 경제의 효율성을 높이는 노력 역시 더 해야 한다. 효율성을 결정하는 다양한 요인을 다시 점검하고 개선해야 할 단계에 이르렀다.

기본 방향은 포용 성장과 혁신적 성장을 동시에 추구하는 데에 있다. 성장의 과실을 일부 계층이 독식하는 성장은 지속가능하지 않다. 민주주의 정치체제에서는 다수가 정치적 힘을 갖고 있으므로 더 이상의 독점적인 성장은 지속되기 어렵다.

포용이 혁신을 방해할 것이라고 미리 짐작할 필요는 없다. 혁신은 경제성장의 동력이다. 혁신을 촉진하는 방향으로 법 제도를 정비하고 혁신을 존중하는 사회 문화를 발전시켜야 한다. 포용과 혁신을 조화롭게 추구하는 것이 앞으로 성장정책의 기본 방향이 되어야 한다.

본서는 한국경제의 총체적 성장에 논의의 초점을 맞추고 있다. 경제는 성장 외에도 다양한 문제가 얽혀 있다. 무엇보다도 최근에 전 세계적으로 관심이 커진 소득분배의 문제, 부문 간, 지역 간 균형 성장의 문제, 환경 보호 및 자원 보존의 문제, 그리고 국민의 삶의 만족도 증진 등 우리가 해결해야 할 문제는 산적해 있다. 사람에 따라 성장보다 다른 가치가 더 중요하다고 생각할 수도 있다. 성장이 좀 정체되더라고 소득분배의 형평성을 제고하는 것이 더 시급하다는 주장도 얼마든지 가능하다. 급속한 기후 변화를 체감하다 보니 성장을 희생하더라도 환경을 보호해야 한다는 주장도 충분히 제기할 수 있다. 지방의 쇠락을 지켜보면서 낙후 지역을 발전시켜 국토의 균형 발전을 도모하는 것이 가장 우선적인 과제라고 주장할 수도 있다. 소득 증가에도 불구하고 개인의 행복이 나아지지 않는 문제에 대한 고민을 가장 심각하게 받아들일 수도 있다.

그럼에도 불구하고 본서의 주제를 경제성장 문제에 국한한 데에는 이유가 있다. 경제성장에 성공하면 다른 문제들도 상당한 정도는 해결된다는 믿음이 있기 때문이다. 반대로 성장이 저조하면 다른 문제도 풀기가 어려워진다. 경제가 빠르게 성장하면 개인 간 그리고 지역 간 소득분배 불균등에 대한 불만은 줄어든다. 자기 몫이 커지면 상대적 부의 불평등에 대한 반감도 다소 줄어들기 때문이다. 경제가 성장하면 환경 보호나 자원 절약에 대해 사회적 공감대가 커진다. 환경 보호를 위한 정부 재정 지출의 증가도 용인하게 된다. 소득 증가가 삶의 질을 개선하는 효과가 있음은 물론이다. 정부도 국민의 삶의 질과 관련된 인프라의 구축에 지출을 늘릴 수 있다. 물론 성장이 최우선 과제라는 주장에 쉽사리 동의하지 않는 사람도 많다. 무엇이 가장 우선되어야 하느냐는 결국 각자의 가치관에 달려 있으므로 성장을 가장 중시하자는 주장을 모든 사람에게 납득시키기는 어렵다. 다만 본서의 취지는 경제성장에 성공하면 다른 문제도 어느 정도는 해소될 수 있다는 인식을 전제로 한다. 이 점이 본서의 특징이자 한계임을 분명히 밝힌다.

이 책의 구성은 다음과 같다. 다음 장에서는 간단한 통계와 사례를 인용하며 한국경제가 그동안 어떻게 성장해 왔는가를 살펴본다. 한국은 2차 세계대전 이후 출발한 신생국 중 가장 빈곤한 국가였으나 80년 가까이 흐른 현재는 거의 모든 경제 지표에서 세계 최고 수준을 기록하고 있다. 경제의 성장은 사회 문화의 발전까지 가져왔다. 세계를 휩쓸고 있는 한류 바람이 말해 주는 문화 강국의 위상, 각종 스포츠 대회의 성적이 보여 주는 스포츠 강국의 위상, 군사비 지출 순위나 방위산업 실적으로 알 수 있는 군사 강국의 위상을 보면 명실공히 한국은 선진국의 반열에 섰다고 확언할 수 있다.

제3장은 표준 경제성장 이론을 설명한다. 경제성장은 경제학의 많은 연구 주제 중 가장 흥미로운 주제임이 분명하다. 왜 인류의 성장이 불과 이삼백 년 전부터 가능했는가, 왜 부국과 빈국 사이의 소득 차이가 그렇게 크며 줄어들지 않는가 등 경제성장에 관한 물음은 많은 경제학자들의 연구 의욕을 불러일으킨다. 본서에서는 경제성장의 기본 모형으로 솔로우Solow 모형과 로머Romer 등이 주창한 최근의 신성장이론을 아울러서 표준적인 성장 이론을 간추려 정리하도록 한다. 기본적으로 경제성장은 산출물의 증가를 의미하며, 이는 투입물의 증가와 생산성의 향상 때문에 발생한다. 노동과 자본 등 투입물의 증가가 산출량의 증가를 유발하는 것은 분명하나 그것만으로는 경제의 지속적인 성장을 설명하기 어렵다. 생산성의 증진이야말로 진정한 성장의 설명을 가능하게 한다. 생산성은 기술 수준과 효율성 수준에 달려 있다. 기술이 발달하면 동일한 크기의 노동과 자본이 투입되더라도 생산 증가가 가능하다. 효율성은 최고의 기술이 실제로 현실에서 구현되는 정도를 의미한다. 효율적인 경제에서는 최신 기술이 백 퍼센트에 가까운 최대의 성과를 낼 수 있다. 이 장은 학술적인 연구 결과를 토대로 설명하고 있어서 일반 독자에게는 좀 어려울 수 있다. 되도록 쉽

게 풀어서 설명하고자 했으나 가독성이 떨어질 수 있으므로 경제이론에 큰 관심이 없는 독자는 통째로 빼고 읽어도 크게 문제되지 않는다.

제4장은 한국경제의 성장 요인을 경제성장 이론의 관점에서 밝힌다. 한국경제의 성장 원천을 단 한 가지만 꼽을 수는 없다. 다양한 성장 요인을 모두 어느 정도는 충족했기 때문에 가능한 결과였다. 초기에는 노동과 자본의 투입 증가가 경제개발의 원동력이었다. 특히 열성적인 교육과 훈련에 의한 인적자본의 축적이 큰 힘이 되었다. 그 이후에는 선진국으로부터의 기술 수입과 자체적인 기술 개발에 따른 생산성 향상이 성장의 견인차가 되었다. 하지만 한국경제 성공의 비밀은 어쩌면 효율적인 경제체제를 유지해 온 데에 있을지 모른다. 자유시장경제와 민주주의 정치체제의 성공적 결합, 초기 개발 단계에서 보여준 정부의 리더십, 왕성한 기업가정신의 발휘, 개방경제의 이점을 충분히 활용, 마지막으로 성장을 추구하는 문화의 형성 등 한국은 성장에 필요한 요건을 고루 충족하였다. 냉전시대에 서방 국가들의 지원과 협력 등 행운도 따랐다고 볼 수 있다.

현재 한국경제의 성장 속도는 상당히 둔화되었다. 제5장은 성장의 둔화 이유, 그리고 미래의 성장 전망을 중심으로 전개된다. 한국경제는 독자적으로 영위되는 경제가 아니다. 세계 속의 한국으로서 경제성장을 전망하기 위해 세계경제의 현황과 전망을 먼저 간단히 기술하였다. 세계경제가 안고 있는 다양한 문제에 대해 어떻게 대처할 것이냐가 한국의 미래 성장에 심대한 영향을 미칠 것이다. 성장을 촉진하기 위해 우리 경제가 나아갈 기본 방향에 대해서도 제시하였다. 마지막으로 바람직한 경제의 추구에 관해서 간단히 기술하였다. 이 부분은 저자의 주관이 영향을 미쳤으므로 독자들의 찬반이 엇갈릴 수 있다. 어차피 바람직하다고 생각하는 경제의 모습은 각자의 가치관에 따라 다를 수밖에 없다.

본서의 내용은 제목이 의미하듯이 한국경제의 과거 성장 경험, 현재 상황 및 미래 전망에 대한 일관된 설명이다. 간단한 통계와 사례 중심의 평이한 내용이기는 하지만 되도록 엄격한 경제이론에 토대를 두고 기술하려고 노력하였다. 일반인의 가독성을 높이기 위해 자료의 출처나 어려운 내용은 각주에 포함하였다. 내용은 평이하지만 메시지는 분명하다. 한국경제의 성장은 기적도 아니고 신기루도 아니다. 경제이론에 따르면 한국의 경제성장은 당연한 결과이며 앞으로도 견실하게 성장은 유지될 것으로 전망한다.

두 번째 장

한국경제의 현황

한국은 경제성장 뿐 아니라 정치 안정, 사회 발전 면에서도 세계 최고 수준을 자랑하며, 특히 한국 문화는 한류 열풍이라고 일컬어질 정도로 세계인의 주목을 받고 있다.

1945년, 일제 강점으로부터 해방되었을 때 한국은 아시아 대륙의 변방에 위치한 그야말로 보잘것없는 나라에 불과하였다. 경제는 말할 것도 없고 사회 문화 측면에서도 세계 수준에서 많이 뒤떨어져 있었다. 1950년에 발발한 한국전쟁으로 그나마 있던 생산시설도 거의 40퍼센트가 파괴되었다. 1962년도 한국의 1인당 소득은 82달러에 불과했다. 그러나 2021년도에 한국은 국내총생산 규모가 세계 10위에 랭크될 정도로 경제 강국이 되었다. 경제성장 뿐 아니라 정치 안정, 사회 발전 면에서도 세계 최고 수준을 자랑하며, 특히 한국 문화는 한류 열풍이라고 일컬어질 정도로 세계인의 주목을 받고 있다. 이 장에서는 간단한 통계와 사례를 인용하여 한국의 경제성장과 사회 문화 발전을 소개한다.

1. 경제성장

한국경제의 성장을 나타내는 지표로 가장 먼저 국내총생산 GDP을 살펴보자.[1] 2021년도 한국의 GDP는 1조 8,102억 달러이다. 이는 세계 순위로 10위에 해당한다. 미국, 중국, 일본 순으로 GDP가 크다. GDP가 국가의 경제력을 나타내는 대표 지표이므로 한국은 세계 10대 경제 강국에 당당히 속한다고 말할 수 있다. 한국과 비슷한 순위에 캐나다, 러시아, 브라질 등이 있다. 러시아, 브라질 등은 자원 가격의 변동에 따라 매년 순위가 달라진다. 1953년도 한국의 명목 GDP는 13억 달러 남짓이었다. 70여 년이 지난 후인 2021년에 경제 규모가 대략 1,400배가 되었으니 그저 놀라울 뿐이다.

국가 간 비교를 위해 명목 GDP는 미국 통화인 달러로 환산하게 된다. 달러로 표시된 GDP는 그 해 환율 수준의 영향을 받는다. 원화의 대 달러 환율이 오르면 달러 표시 GDP는 감소한다. 1997년 말 외환위기 당시에 한국의 달러로 표시한 명

1 본 장에서 제시한 개발 초기 자료는 한국은행이 발간한 "숫자로 보는 광복 60년"(2005)을 참조하였으며, 최근 자료는 통계청 또는 한국은행 등에서 공표한 자료이다.

목 GDP가 급감하였다. 달러 환율이 거의 2배가 되었기 때문이다. 그런데 시장 환율이 각 통화의 구매력을 정확히 반영하는가에 대해서는 의문이 있다. 그 대안으로 구매력 평가 환율 기준으로 GDP를 환산하기도 한다. 그 기준에 따르면 2021년도 한국의 GDP 순위는 세계 14위로 다소 낮아지나 여전히 세계 최상위 수준이다.[2]

또 다른 문제는 명목 GDP의 크기는 시장가격으로 평가하므로 물가의 영향을 받는다는 점이다. 실제로는 생산량이 변하지 않아도 가격이 오르면 명목 GDP는 증가한다. 예컨대, 작년과 똑같은 수량의 휴대폰을 생산했어도 휴대폰 가격이 오르면 명목 GDP는 증가한다. 이 문제를 극복하기 위해 고안한 경제지표가 실질 GDP이다. 실질 GDP는 가격의 영향을 배제하고 산출량의 가치를 추정한다. 국민이 누리는 후생 수준은 명목이 아니라 실질 GDP에 따라 정해진다. 경제성장을 논할 때는 실질 GDP를 기준으로 하여야 한다. 한국의 실질 GDP는 1953년에 20조 원에서 2021년에 1,918조 원으로 증가하였으므로 70여 년 만에 대략 100배 증가한 것이다. 이를 경제성장률, 즉 실질 GDP의 증가율로 환산하면 연평균 6.6퍼센트가 된다. 물론 기간에 따라 경제성장률은 오르고 내렸다. 1970년

---

2 구매력평가(PPP) GDP는 실제 환율이 아니라 이론 모형으로 추정한 균형 환율을 적용한 자료로 일국의 구매력을 감안한 GDP이다. IMF 등 국제기관이 매년 PPP 환율 조정 GDP 통계를 발표한다.

대에는 10퍼센트 이상의 성장률을 기록한 적도 있다. 한국은 마이너스 성장을 네 번 경험했다. 1956년도에 -1.3퍼센트, 1980년은 정치적 격변으로 -1.6퍼센트, 1998년은 외환위기의 여파로 -5.1퍼센트, 그리고 2020년은 코로나 사태 때문에 -0.7퍼센트로 경제성장률이 마이너스였다. 몇 번의 마이너스 성장이 있었으나 70년 이상 지속된 한국의 경제성장은 세계 역사에서 유례를 찾기 어렵다. 최근 들어 중국의 경제성장률이 놀랄 정도로 높다. 그러나 중국의 경제성장률이 장기간에 걸쳐서 평균적으로 한국을 능가할지는 좀 더 지켜봐야 한다.

한 국가의 경제력은 GDP로 측정하는 것이 일반적이다. 그러나 국민이 누리는 복지 수준은 1인당 GDP로 비교한다. 2021년 한국의 1인당 GDP는 34,980달러로 세계 순위는 23위이다. GDP 순위 10위에 비해 다소 떨어지지만 1인당 소득도 세계 상위권을 유지하고 있다. 달러 기준이므로 1인당 소득도 환율의 영향을 받는다. 구매력 평가 환율로 환산하면 한국의 1인당 GDP는 47,027달러로 세계 25위이다. 영국이나 유럽연합(EU) 내 주요 국가들의 1인당 소득과 비슷하다. 같은 해 일본의 구매력 기준 1인당 소득이 44,585달러이었으니 한국이 일본을 앞섰다고 볼 수 있다. 모나코, 룩셈부르크 등 유럽의 소국들이 항시 상위 순위를 차지하고 있어서 1인당 소득 순위를 더 높게 끌어올리기는 쉽지 않다. 어떻게 보면 인구 대국 중에 한국보다 1인당 소득 수준이 높은 국가는 미국 등 몇 개국에 불과하다.

1953년도 한국의 1인당 소득GNI은 67달러였으며, 1963년도에도 100달러에 불과하였다. 이 수치는 세계 최하위 수준이다. 1977년에 1,000달러, 1995년에 10,000달러를 돌파하고, 2021년에는 35,373달러를 달성한 것을 보면 한국경제의 성장은 그야말로 눈부시다고 말할 수밖에 없다. 명목 가치로 따지면 1인당 소득이 60여 년 만에 350배가 되었다.

한국은 2012년에 세계 일곱 번째로 '20-50 클럽'에 가입한다. 20-50 클럽은 1인당 소득 20,000달러 이상, 인구 5,000만 명 이상의 국가를 의미한다. 2018년에는 1인당 소득이 30,000달러를 넘어서서 '30-50 클럽'에까지 포함된다. 사실 인구 대국의 1인당 소득이 크게 증가하기는 어렵다. 한국은 5,000만 명 이상의 인구에도 불구하고 1인당 소득이 3만 불을 넘어 세계에서 단 7개국만 달성한 인구가 많으며 부자인 국가 그룹에 속하게 되었다.[3]

경제 규모를 나타내는 GDP 외에 관심을 가질 만한 경제지표로 수출액이 있다. 2021년도 한국의 수출액은 6,444억 달러

---

3 30-50 클럽의 8번째 국가가 될 가능성이 있는 스페인은 현재 소득은 3만 달러를 넘었으나 인구가 4,750만 명이어서 기준을 충족하지 못하고 있다. 현재의 낮은 인구 증가율이 지속되면 앞으로도 빠른 시일 내에 30-50 클럽의 기준을 달성하기는 결코 쉽지 않다.

로 세계 7위를 기록하였다. 중국이 압도적으로 세계 1위를 차지하며, 미국, 독일이 그 뒤를 따르고 있다. 한국의 수출 경쟁력은 그야말로 세계 최상위권에 속한다. 물론 수입액도 많다. 2021년도 한국의 수입액은 6,151억 달러로 세계 8위에 해당한다. 수출액과 수입액의 합, 즉 무역액 기준으로 보면 세계 8위를 기록했다. 무역액과 국내총생산 사이의 비율을 경제 개방도 또는 무역 의존도라고 한다. 1953년도의 경제 개방도는 13퍼센트였으나 2021년에는 70퍼센트로 상승하였다. G20 국가 중에서는 네덜란드, 독일 등과 함께 무역 의존도가 매우 높은 국가로 분류된다.

한국의 무역액 증가는 놀랍다.[4] 가장 오래된 자료로 1946년에 수출액은 354만 달러, 수입액은 6,072만 달러였다. 1948년에 한국 수출액의 세계 순위는 정확히 100위였다. 한국 바로 앞 순위에 피지가 있다.[5] 한국경제의 성장과 함께 무역액이 크게 증가하였음을 미루어 짐작하게 하는 통계이다.

외환 보유액의 변화 역시 매우 크다. 1960년 말 외환 보유액은 1.6억 달러 밖에 안 되었으나 2021년 말 한국의 외환 보

---

4 이하 통계는 한국무역협회에서 발간한 Trade Brief(2016. 7. 31, No. 22)의 "한국 무역 70년의 발자취"를 참고하였다.

5 피지는 남태평양에 위치하고 있으며, 그 당시 피지의 다른 경제 통계는 확인할 수 없으나, 2021년 기준 GDP가 세계 148위에 불과한 작은 나라이다.

유액은 4,631억 달러이다. 이는 세계 9위 수준이다. 외환 부족으로 경제개발에 애로를 겪던 시절을 회고해 보면 그야말로 격세지감을 느끼게 한다. 부존자원이 거의 없는 한국으로서 원자재를 수입하려면 달러 등 외환의 보유는 반드시 필요하다. 1963년도에 독일, 그 당시는 서독에 광부 파견, 그리고 1966년도부터 간호사 파견, 1964년도 한국군의 베트남 참전 등은 못 살던 시절에 외환을 벌기 위한 몸부림과 같았다. 1997년 말에 발생한 외환위기 당시 외환이 부족하여 국가가 파산 직전까지 갔던 기억도 잊을 수 없다. 1997년도 말 공식적인 외환보유액은 204억 달러라고 하나 이는 일반은행 보유액까지 포함한 액수이고 중앙은행 보유액은 36억 달러 정도로 국고가 거의 바닥이 난 지경에 이르렀다.

국제통화기금IMF이 집계한 국가별 순대외금융자산 순위에서 한국은 2012년에는 133위에 그쳤지만, 2021년에는 10위로 순위가 수직 상승했다. 국가 간 교역과 자본 유출입에 따라 국가는 대외자산과 대외부채를 동시에 지기 마련이다. 대외금융자산과 부채의 차이, 즉 순대외금융자산이 많다는 것은 마치 가계가 빚보다 재산이 많다는 의미와 같다. 일본이 1위이고 독일, 중국이 그 뒤를 잇고 있다. 한국은 6,379억 달러의 순대외금융자산을 보유하여 GDP의 거의 절반 가까운 크기의 순대외금융자산을 보유하게 되었다.

에너지 발전량의 증가 역시 경이롭다. 현대 경제에서 에너지의 중요성은 당연히 크다. 발전량의 증가는 분명히 생산량의 증가를 의미한다. 또한 1인당 에너지 사용량은 국민의 복지 수준과 밀접하게 관련된다. 해방 직후 한국의 총발전량은 711 GWh, 1인당 발전량은 35kWh에 불과하였다. 2021년도 총발전량은 5억 7,689만 GWh, 1인당 발전량은 10,330kWh이다. 이 역시 한국경제의 비약적인 성장을 뒷받침하는 증거로 해석된다.

생산 활동의 주체는 기업이다. 세계 수준의 기업을 많이 보유할수록 경제는 강력하다. 글로벌 포춘Global Fortune 500에 포함된 한국 기업의 수를 보면 1995-2005년 동안에는 평균 12개로 세계 10위였다.[6] 이 수가 2022년도에는 16개로 늘었다. 삼성전자가 세계 18위를 차지하였으며, 그 외에도 현대자동차(92위), SK(117위) 등이 상위 순위를 점하고 있다. 국가별로 보면 중국이 136개, 미국이 124개로 세계 1, 2위를 다투고 있다.

주요 산업의 경쟁력을 나타내는 통계를 보자.[7] 반도체산업의 경쟁력은 세계 최고 수준이다. 2021년 매출 기준으로 한국은 미국에 이어 2위를 차지하였다. 메모리와 비메모리 반도체를 합산하여 보면 미국이 세계시장 전체의 대략 60퍼센트로 1위이며, 한국은 17퍼센트로 2위를 하고 있다. 세계 최대 반도체

---

[6] 금융위원회, "글로벌 500대 기업 동향 분석 및 시사점," 2007. 6.
[7] 한국은행, "우리나라 주요 제조업 생산 및 공급망 지도", 2023.

제조 기업인 삼성전자와 5위를 차지한 SK하이닉스를 보유한 덕택이다. 글로벌 디스플레이 시장 점유율에서 한국은 중국에 약간 뒤지지만 2위를 차지하고 있다. 스마트폰 점유율은 삼성전자가 세계시장의 21.2퍼센트를 차지하여 1위에 랭크되었다. 현대와 기아자동차를 앞세워 자동차 생산에서도 세계 5위를 기록하고 있다. 자동차 생산국으로 유명한 독일이 한국에 이어 6위이니 한국의 위상을 알 만하다. 한국은 2021년도에 376만 대를 생산했다. 조선업도 중국과 세계 1, 2위를 다투고 있다. 2020년도에는 선박 수주 금액과 수주량 모두 세계 1위이다. 특히 고부가가치 선종에서 국제 경쟁력을 인정받고 있다. 철강 생산 순위는 2021년도에 6위이다. 포스코와 현대제철이 세계적인 철강 제조 기업으로 인정받고 있다.

통계 지표 외에도 한국경제의 국제적 위상이 달라진 증거는 많다. 1948년, 정부 출범 당시에는 세계에서 가장 가난한 국가였지만 비약적인 성장 덕에 한국은 1996년도에 경제협력개발기구OECD에 가입하게 된다. 현재는 OECD 회원국이 38개국에 이르지만 가입 당시에는 29번째 가입국이었다. OECD는 선진국의 모임이므로 이는 한국이 명실상부 선진국 수준에 들어섰음을 세계에서 인정받은 증거로 해석할 수 있다. 한국은 OECD 개발원조위원회DAC : Development Assistance Committee의 공적개발원조ODA : Official Development Assistance 수혜국이었다. 한국전쟁 직후에는 정부 예산의 40퍼센트를 국제연합UN이나 미국의 무상 원조에 의존했다. 처음에는 무상 원조가 대부분이었으나 점점 유상 원조가 늘어가다 1990년대에 들어서서 한국은 ODA의 수혜국에서 공여국으로 위치가 바뀌기 시작하였다. 2010년에는 마침내 OECD의 DAC 회원국이 되었다. 2020년에 한국은 국내총소득GNI의 0.14퍼센트를 ODA로 저개발국에 지원하였다. 한국은 ODA의 수혜국에서 공여국으로 탈바꿈한 전 세계에서 유일한 국가이다.

2. 사회 발전

경제성장과 사회 발전은 궤를 같이하는 것이 일반적이다. 주요 사회 지표의 변화를 보면 한국 사회의 비약적 발전을 실감할 수 있다. 자료의 한계로 각 지표의 동일 기간 비교는 어렵지만 적어도 몇십 년 동안의 변화는 추적할 수 있다.

먼저 한국인의 평균 수명을 보면 매우 큰 변화가 있었다. OECD 자료를 보면, 1960년도에 한국의 평균 수명은 53.7세로 튀르키예와 함께 최하위권에 속한다. 1970년도에는 한국인의 평균 기대 수명이 62.3세였다. 2000년에는 평균 기대 수명이 76.0세로 늘어났다. 의료 기술의 발전 영향도 있지만 소득의 증가가 결정적으로 수명을 연장했다고 볼 수 있다. 소득 수준이 높으면 양질의 섭생이 가능하고, 운동, 건강 검진 등 수명을 늘리는 서비스에 대한 소비지출이 가능하다. 한국인의 평균 수명은 2019년에 83.3세로 일본의 84.4세에 이어 세계 2위를 차지하고 있다. 지금까지의 변화 추세를 보면 조만간 일본을 넘어서서 세계 1위가 될 것이라는 전망이 우세하다.

다음으로 한국인 평균 신장의 변화를 보자. 1965년도 남자의 평균 신장은 163.7cm, 여자의 평균 신장은 156.9cm였다.[8] 2021년에 19-24세 남자의 평균 키는 174.5cm, 여자 평균 키는 162.3cm이다. 남자는 11cm 가량, 그리고 여자는 5cm 이상 커졌다. 신장은 유전 요인도 있지만 어렸을 때 영양 섭취의 영향을 크게 받는다고 한다. 한국인들의 신장이 커진 이유는 소득 증가와 분명히 깊은 관련이 있을 것이다.

사회복지 지출 자료를 보면 그동안 매우 큰 변화가 있었다. GDP 대비 사회복지 지출 비율의 상승이 두드러진다. 1990년도에 2.8퍼센트에서 2020년도에는 15.6퍼센트로 높아졌다. 아직도 OECD 평균에 미치지 못하는 것은 사실이다. 그러나 한국의 정부 예산이 GDP에서 차지하는 비율이 다른 선진국에 비해 현저히 낮은 점을 감안해야 한다. 정부 예산에서 사회복지 지출이 차지하는 비율을 보면 2022년 중앙정부 지출 중 사회복지 분야가 32.1퍼센트를 차지한다. 2007년도에는 전체 정

[8] 이는 17세 기준 자료로 전 연령 자료는 아니다.

부 예산 중 23.7퍼센트였으므로 이 비율 또한 빠르게 상승하고 있다는 것을 알 수 있다.

현대 사회에서 네트워크의 중요성은 두말할 필요 없다. 1955년도 전화 보급률은 100인당 0.2대에 불과했다. 최근에는 이동전화 가입자 수를 보는 것이 더 적절하다.[9] 초창기인 1987년에는 인구 100인당 0.024대의 이동전화를 사용하였다. 그 후 이동전화 가입은 폭발적으로 늘어서 2020년에는 100인당 133대의 이동전화가 사용되고 있다. 한국의 초고속 인터넷 속도는 2019년도에 싱가포르에 이어 세계 2위였고, 2021년도에는 7위로 순위가 약간 낮아졌으나 여전히 세계 최상위 수준을 유지하고 있다.[10] OECD 통계에 따르면, 2021년도 한국의 거주자 100명당 100Mbps급 이상 인터넷 가입자 수(40.4명)와 전체 유선인터넷 회선 수 대비 광케이블 기반 회선 수 비중(86.61%)은 세계에서 가장 높은 수준이다.

의료 복지 수준을 나타내는 통계도 한번 살펴보자. 국민 1인당 의료비 지출액은 2021년도에 3,914달러로 세계 22위 수준이다. GDP 대비 의료비 지출액은 1970년에 2.6퍼센트, 2000년에 3.9퍼센트, 2021년에 8.8퍼센트로 빠르게 증가하고 있다. 인구 1,000명 당 의사 수는 2006년에 1.82명에서 2021년에는

[9] 1999년에 이동전화 가입자 수가 유선전화 가입자 수를 넘어섰다.
[10] 인터넷 속도 테스트 결과는 우클라(Ookla)에서 발표한 것이다.

2.55명으로 늘어났다. 인구 1,000명 당 의료기관 병상 수도 2003년도에 6.8개에서 2021년도에 14.0개로 증가하였다.

사회 안전 수준도 경제성장과 더불어 개선되었다. 글로벌 파이낸스Global Finance는 전쟁과 평화, 개인의 안전, 자연재해 위험 등 다양한 요인을 반영하여 국가 안전 순위World's safest countries를 발표한다. 2021년도 순위에서 한국은 17위를 차지하였다.[11] 2020년도 인구 10만 명 당 살인 건수도 한국은 0.6명으로 OECD 국가 중 7위로 낮았다. 이 통계는 한국의 높은 치안 수준을 잘 말해 준다.

한국전쟁 직후 한국의 산야는 거의 벌거벗은 민둥산이었다. 1973년에 '제1차 치산녹화 10개년 계획'이 수립되어 강력히 시행된 지 50여 년이 흐른 오늘날, 한국의 산림녹화 성공 사례를 유네스코 세계기록유산으로 등록하기 위해 추진 중이다. 처음에는 국가가 주도하였으나 민간의 자발적 참여 없이는 불가능한 대단한 성취이다. 전국 곳곳에 명품 숲이 조성되어 있고 수풀이 우거진 산책로가 도처에 마련되어 있다. 한국을 처음 방문한 외국인에게 한국의 인상을 물으면 "푸르다greeny"라는 응답이 많다고 한다. 어렸을 때 벌건 흙산만 기억하는 사람들에

11 국가 안전지수는 평가 기관이 적용하는 기준에 따라 결과가 다르다. 한국은 북한 등 주변국과의 관계 때문에 낮은 순위를 기록하는 경우도 많다. 그러나 치안과 자연재해에 대한 위험 기준에서는 분명히 안전한 국가 그룹에 속한다.

게는 그야말로 상전벽해의 변화이다. 이 또한 한국의 발전을 극명하게 보여 주는 사례이다.

한국의 수도인 서울의 발전은 눈부시다. 해방 직후 서울의 모습과 현재의 모습은 크게 다르다. 서울을 관통하는 강이자 한국의 젖줄이라고 불리는 한강의 모습도 크게 달라졌다. 파리, 런던 등 세계적인 대도시는 대부분 강을 끼고 있지만 한강처럼 넓은 강이 도시를 관통하는 경우는 드물다.[12] 조선시대에는 왕궁의 안위를 위해 강을 건너는 교량을 설치하지 않았다고 한다. 1900년에 최초로 한강철교가 세워졌으나 도보로 건널 수는 없어서 사람들은 배를 타고 한강을 건넜다. 인도교는 1917년에야 만들어졌다. 한강 인도교는 한국전쟁 때 북한군의 남하를 막기 위해 폭파한 사건으로 유명하다. 그 후 1958년에 한강대교가 건설된다. 한때 제1, 제2, 제3 한강교라는 명칭을 쓰기도 했다. 한강을 지나는 다리 수가 적었을 때의 얘기이다. 2021년에 월드컵대교가 한강의 33번째 다리로 개통되었다. 나룻배를 타고 지나던 시절에 비하면 비약적인 발전이랄 수밖에 없다. 서울의 스카이라인도 몇십 년 동안 크게 변했다. 아파트 숲으로 덮이기는 했지만 군데군데 높게 솟은 고층 빌딩이 서울의 장관을 연출한다. 여의도의 63빌딩(60층, 249m), 송파구의 롯데월드타워(123층, 555m) 등이 대표적인 서울의 고층 빌딩이다.

---

12 한강 폭은 평균 1.2Km이다.

3. 정치체제의 발전 및 안정

경제, 사회의 발전 못지않게 국민의 복지에 영향을 미치는 요소는 정치체제의 발전 및 안정이다. 한국은 2차 세계대전 이후 산업화와 민주화를 동시에 달성한 유일한 나라로 인정받고 있다. 싱가포르는 1인당 소득 수준을 보면 산업화는 분명히 성공했으나 민주화의 측면은 아직 미흡하다. 인도는 민주화는 비교적 성공적이나 아직도 산업화의 길은 멀었다고 봐야 한다. 북한은 안타깝게도 산업화와 민주화에 모두 실패하였다고 볼 수 있다.

세계적으로 인정받고 있는 이코노미스트Economist 잡지는 매년 국가별 민주주의 지수democracy index를 발표한다. 선거 절차 및 다원주의, 시민의 권리, 정부의 기능, 정치 참여, 정치 문화 등 다섯 가지 범주에 대해 평가한 결과를 종합하여 민주주의 지수를 수치화한다. 각 국가는 완전한 민주주의, 결함 있는 민주주의, 혼합 체제, 그리고 권위주의 체제 등 4개 그룹으로 구분된다. 한국의 민주주의 지수는 2021년도에 전체 167개 국가 중 16위에 랭크되었다. 이는 미국의 26위를 앞서는 순위이다. 한국은 완전한 민주주의full democracy 그룹에 속하는데, 21개

국가와 전 세계 인구의 6.4퍼센트만 이 그룹에 포함된다.

국제인권단체인 프리덤하우스Freedom House에서 측정한 한국의 자유 지수freedom score는 83점으로 미국과 같은 점수이다. 정치적 권리와 시민의 자유, 두 가지 항목으로 채점한 결과를 보면, 한국은 명실공히 자유로운 국가로 분류된다. 정치적 권리는 선거와 다원주의, 정치 참여, 정부 기능 등을 기준으로 평가하고, 시민의 자유는 개인의 자율성과 결사의 자유, 시민에 대한 법치 등을 기준으로 평가한다. 러시아, 중국, 북한 등 권위적 정치체제를 고수하고 있는 국가들에 둘러싸여 있는 한국인에게 자유는 대단히 소중한 가치이다. 한국이 자유 민주주의 체제를 굳건히 유지하고 있다는 점은 세계에서 공공연하게 인정받고 있다.

민주주의는 법치가 뒷받침될 때 온전히 작동한다. 세계 정의 프로젝트World Justice Project가 매년 발표하는 법치주의 지수Rule of Law Index에서 2021년에 한국은 세계 139개국 중 20위를 차지하였다. 뉴질랜드와 호주가 1, 2위이고, 미국이 27위인 점이 특이하다. 지수 산정의 기준은 권력기관에 대한 통제, 청렴도, 열린 정부, 기본권, 질서와 안전, 규제의 수준, 시민권의 보장 수준 및 형사 사법제도 등이다. 한국의 법치 수준은 최상위는 아니지만 그래도 상위권으로 평가되고 있다.

종합적으로 볼 때, 건국 후 미국 군정 시절, 군사 정권, 독재 체제 등 격변기를 거쳐 점진적으로 민주화 과정을 달려온 한국이 오늘날 민주주의, 자유, 법치 등에서 세계 상위 수준으로 인정받고 있다고 말할 수 있다. 정치 발전과 경제성장은 상호 영향을 미치며 변천해 왔음이 분명하다.

4. 스포츠 강국

경제력은 심지어 스포츠 국력과도 관계가 깊다. 하계 및 동계 올림픽 결과를 보면 스포츠 강국들은 대개 경제 강국이다. 미국, 중국 등 GDP 최상위 국가들이 올림픽 메달 획득 수에서도 항상 1, 2위를 다툰다. 단 동계 올림픽 종목은 각국의 기후나 지형 조건의 영향을 받으므로 GDP 순위와 좀 다른 결과를 내는 것 같다. 동계 올림픽에서는 북유럽 국가들이 강세를 보이는 경향이 있다.

한국은 최근 2020년 도쿄 하계 올림픽에서 총 20개의 메달을 획득하여 메달 총수를 기준으로 세계 13위에 랭크되었다. 2022년도 베이징 동계 올림픽에서 메달 획득 수는 5개이며, 이는 15위에 해당한다. 1972년 서독 올림픽에서 한국은 은메달 1개로 참가국 중 33위를 차지하였다. 한국이 하계 올림픽에서 최초로 금메달을 딴 것은 1976년도이다.[13] 최초의 금메달은 양정모 선수가 몬트리올 올림픽 레슬링 종목에서 획득하였다. 동계 올림픽 사상 한국인으로서 최초 금메달은 1992년 프랑스 알베르빌에서 쇼트트랙 종목의 김기훈 선수가 따냈다.

올림픽 다음으로 규모가 큰 월드컵 축구대회 본선에도 한국은 통산 11회, 그리고 연속 10회 출전하였다. 1986년 멕시코 월드컵 이후 한 번도 본선 진출에 실패한 적이 없다. 이 기록은 브라질, 독일, 이탈리아, 아르헨티나, 스페인 등 전통의 축구 강호 외에는 달성하지 못한 기록이다. 한국은 2018년에 평창 동계 올림픽을 개최함으로써 프랑스, 독일, 이탈리아, 일본에 이어 동계, 하계 올림픽과 월드컵, 그리고 세계 육상대회를 모두 개최한 다섯 번째 나라가 되었다. 이는 당시에는 미국도 달성하지 못했던 기록이다.[14] 1988년 서울 하계 올림픽대회는 공산 국가들까지 합류한 대회로 한국의 국위를 크게 선양하였다.[15] 개최국의 이점도 있었으나 한국은 서울 올림픽에서 금메달 12개로 국가 순위 4위의 최고 성과를 달성하였다. 2002년

13 1936년 베를린 올림픽에서 일제 치하였지만 손기정 선수가 마라톤 종목에서 금메달을 목에 걸었던 기록이 있다.

14 미국은 2022년에 유진 세계 육상대회를 개최함으로써 비로소 4개 국제대회를 모두 개최한 국가가 되었다.

15 1980년 모스크바 올림픽은 소련의 아프가니스탄 침공에 항의하기 위해 미국을 위시하여 다수의 서방 국가가 불참하였고, 한국도 참가하지 않았다. 1984년 LA 올림픽은 반대로 소련 등 공산 진영에서 보이콧하여 반쪽 행사로 전락하였다.

도 한국과 일본이 공동 개최한 월드컵에서 한국은 아시아 국가 최초로 4위를 차지하는 대기록을 세웠다.

5. 문화 강국

경제가 성장하면 문화도 융성해진다. 문화와 관련된 재화와 서비스는 사치재luxury goods에 해당한다. 즉 소득이 증가하면 그 소비가 증가하며, 탄력성도 매우 높다. 소득이 증가할수록 문화재의 생산과 소비는 더욱 크게 증가한다는 뜻이다.

문화산업의 성장을 통계로 살펴보자. 2000년도에 부가가치를 기준으로 문화산업이 전체 산업에서 차지하는 비중은 3.7퍼센트 정도였으나 2019년도에는 5.0퍼센트로 상승하였다.[16] 문화콘텐츠산업이 경제에서 차지하는 비중은 일반인이 생각하는 것보다 크지 않다. 이는 한국만의 현상은 아니고 전 세계적인 현상이다. 그러나 문화의 중요성을 단순히 부가가치 창출 비율로만 측정할 수는 없다. 문화콘텐츠산업이 다른 산업의 생산이나 부가가치를 유발하는 추가적인 효과가 크기 때문

16 현대경제연구원, "신한류(K-culture) 도약을 위한 기회와 도전과제", 경제주평 20-24, 2020. 문화콘텐츠산업은 영화, 음반, 게임 등과 같은 문화콘텐츠의 기획, 제작, 유통, 소비 등과 이와 관련된 서비스를 행하는 산업으로 정의한다.

이다. 문화의 실제 영향력은 통계보다 훨씬 더 강하다.

2022년도에 세계 디지털콘텐츠 시장에서 한국은 8.4퍼센트를 점유하고 있다. 이는 미국, 중국, 일본에 이어 세계 4위에 해당한다. 동남아시아를 중심으로 유행하던 한류 열풍은 이제 전 세계를 휩쓸고 있다. 한국인이 제작한 음악, 드라마, 영화 등의 콘텐츠가 전 세계인을 매료시키고 있다. 게임 산업에서 한국인의 파워는 상상을 초월한다. 영화 '기생충'이 2020년 아카데미 감독상과 작품상을 동시 수상할 것이라고 누가 상상이나 했겠는가. 2021년에 개봉한 '오징어 게임'이라는 드라마는 에미상을 수상하는 등 세계적인 호평을 받았다. 최근에 넷플릭스 등 OTT에서 '이상한 변호사 우영우', '더 글로리' 등 한국 드라마가 세계적으로 인기를 끌고 있다.

클래식 음악 영역에서 한국인이 거둔 성과도 주목할 만하다. 쇼팽 콩쿠르, 차이콥스키 콩쿠르, 퀸엘리자베스 콩쿠르 등 해외 유명 콩쿠르에서 한국인이 우승 또는 상위 입상했다는 소식이 수시로 전해지고 있다. 유학 없이 국내에서만 공부하여 세계적인 콩쿠르에 입상하는 경우도 많아지고 있다. 조성진, 임윤찬 등 세계 탑 클래스의 피아니스트가 전 세계를 무대로 맹활약하고 있다. 대중음악 분야에서도 방탄소년단BTS, 블랙핑크 등 한국의 가수 그룹들이 빌보드 차트의 상위 순위를 쉽게 점하고 있다. K-팝은 아시아를 넘어 유럽, 남미 등 전 세계를 강타하고 있다. 세계 방방곡곡에서 외국인이 한국어 가사를 따라서 노래하는 장면을 보면 소름이 돋을 정도로 감동적이다. 대한무역투자진흥공사KOTRA가 설문 조사한 결과를 보면, 한국이라면 연상되는 이미지 1위로 K-팝이 꼽힐 정도로 한국 문화는 한국의 위상 강화에 크게 기여하고 있다.

이 외에도 김치, 김밥, 불고기 등 한국 음식에 대한 열광, 한국 의복에 대한 관심 등 세계 문화계에서 한국의 영향력은 놀라울 만큼 커졌다. 문화 분야에서의 약진은 세계인의 한국에 대한 이미지를 개선하는 데에 결정적으로 기여하고 있다. 한국 여권으로 무비자 입국할 수 있는 국가의 수도 세계 2위를 차지할 정도로 한국과 한국인에 대한 국제적 신뢰는 확고부동하다.[17] 이 모든 것이 경제성장과 더불어 한국이 이룩한 자랑스러운 성취들이다.

6. 군사 강국

문명사회에서 군사력을 논하는 것이 무슨 의미가 있을까라는 생각도 든다. 그러나 2022년에 발발한 러시아의 우크라

17 한국 여권으로 비자 없이 입국할 수 있는 국가의 수를 보면 한국이 190개국으로 일본, 싱가포르와 더불어 세계 최고 수준이다.

이나 침공, 중국의 타이완에 대한 위협, 전 세계에서 벌어지는 각종 테러 사태, 무엇보다도 북한의 핵무장을 지켜보며 국가의 안전을 확고하게 지키기 위해서 강한 군사력이 얼마나 중요한가를 실감한다. 아마도 국가라는 정치 경제 사회 단위가 존속하는 한에는 군사력은 국력을 말해 주는 주요 지표에서 절대 빼놓을 수 없을 것이다.

현대의 군사력은 군인 수나 무기의 수가 아니라 경제력으로 측정된다. 각국의 국방비 예산 규모를 보면 군사력의 비교가 가능하다. 미국이 당연히 세계 1위의 군사력을 보유하고 있다고 봐야 한다. 2021년도 미국의 군사비 지출액은 약 8,000억 달러로 단연 세계 1위이다.[18] 미국을 이어 중국이 2위를 차지하고 있지만 군사비가 2,930억 달러로 미국과 상당한 격차를 보이고 있다. 한국의 국방비 지출액은 500억 달러 정도로 10위에 해당한다. 일본이 540억 달러로 한국보다 약간 앞선 9위를 차지했다. 한국은 국내총생산 순위 10위에 걸맞게 국방비 순위도 10위를 차지하고 있다.

한국의 군사력이 강한 이유를 몇 가지 들 수 있다. 중국, 북한, 러시아 등 체제가 다른 국가와 지리적으로 인접하고 있다는 점이다. 특히 체제가 다른 북한과는 아직 휴전 상태로 대치

---

18 이하 통계는 국방기술진흥연구소가 발간한 '2022 세계 방산시장 연감'을 참고로 작성하였다.

하는 중이다. 우리 체제를 유지 발전시키기 위해서 국방력은 반드시 필요하다. 꼭 지정학적 위치 때문만이 아니라 군사력은 일국의 국제적 위상에 대단히 중대한 영향을 미친다는 점을 간과할 수 없다. 유럽의 잘 사는 소국 들은 군사력 면에서 매우 취약하므로 소득 수준에 비해 국력이 그렇게 크다고 느껴지지 않는다. 한국의 강력한 군사력은 경제적 안정과 번영에 긍정적인 영향을 미친다. 특히 북한과 대치 상황에서 국방력이 약하면 외국인의 투자를 기대할 수 없다.

한국의 방위산업은 국방 뿐 아니라 경제에도 한몫을 단단히 하고 있다. 방위산업에서 한국 기업들의 약진은 눈부시다. 2017-21년 동안 한국의 무기 수출액은 세계시장의 2.8퍼센트를 차지하여 세계 8위에 올랐다. 한국 무기의 높은 성능에 대한 외국의 신뢰는 매우 크다. 한국의 군사 무기에 대한 전 세계의 수요가 폭증하고 있다는 뉴스 보도를 쉽게 찾아볼 수 있다.

7. 한국의 위상

이 장에서는 건국 이후 한국이 경제, 사회, 문화, 스포츠, 군사력 등에서 얼마나 큰 발전이 있었는지를 살펴보았다. 그야말로 경천동지할 만한 변화가 있었다. 높은 경제성장률이 말해 주는 경제력 증강, 사회 발전, 정치체제의 발전과 안정, 그리고 스포츠, 연예 등 문화산업의 융성 및 군사력 증강까지 엄청난 변화가 있었다. 유엔무역개발회의UNCTAD는 2021년에 정식으로 한국을 선진국 그룹에 포함하였다. 1964년에 UNCTAD가 설립된 이래 개발도상국에서 선진국 그룹으로 격상된 나라는 한국이 유일하다.[19] 2021년 기준으로 한국의 GDP는 세계 10위이고, 1인당 국민총소득GNI은 24위, 무역 규모는 8위, 군사력은 6위의 자리를 차지하고 있다. 한국이 선진국 그룹에 들어간 것은 당연하다.

또한 한국은 G20 국가 중 하나이다. 2008년에 시작된 G20에는 G7 국가와 EU 대표, 그리고 신흥국 12개국이 포함되어 있다. 서방의 강대국 7개국과 신흥국 대표인 BRICS, 그리고 러시아, 사우디아라비아까지 포함하고 있으므로 G20은 명실상부한 세계 리더 국가들의 모임이라고 볼 수 있다. 특히 2010년 제5차 정상회의를 서울에서 성공적으로 개최하여 한국의 위상을 드높인 바 있다. 한국은 경제는 물론이고 사회, 문화, 정치 모든 면에서 세계 최상위 국가로 인정받고 있다.

---

19 회원국 195개국 중 미국과 영국, 독일, 프랑스, 일본 등 31개국이 속해 있던 선진국 그룹은 한국이 합류함으로써 32개국으로 늘어나게 되었다.

세 번째 장

경제성장 이론

성장을 위해서는 우선 생산요소 투입량의 증가가 필요하나 성장을 지속하려면 반드시 기술 발전과 효율성 개선으로 생산성이 높아져야 한다.

경제성장은 한 국가 내에서 일 년 동안 생산한 재화와 서비스의 총생산량이 증가하였음을 의미한다. 재화와 서비스의 명목 가치가 아니라 수량이 증가하여야 한다. 가격의 상승, 즉 인플레이션은 가치 총액에는 영향을 미치나 수량에는 영향을 미치지 않는다. 따라서 인플레이션 때문에 명목소득이 증가한 경우를 경제성장이라고 부르지 않는다. 사람들이 누리는 후생은 재화와 서비스의 가치가 아니라 수량에 따라 정해진다. 즉 몇 원어치의 사과를 소비했느냐는 중요치 않다. 몇 개의 사과를 소비했느냐에 따라 사람들이 누리는 효용이 영향을 받는다. 한 경제 내에서 생산한 재화와 서비스의 수량이 증가해야 사람들의 후생이 증가한다. 따라서 경제성장률은 실질 국내총생산의 증가율로 측정한다.[1]

---

1 경제성장 이론에서는 경제성장을 1인당 실질소득의 증가 현상으로 정의한다. 따라서 경제성장률은 실질소득의 증가율과 인구 증가율의 차이라고 볼 수 있다. 최근에는 인구 증가율이 0퍼센트에 가까우므로 실질 GDP의 증가율과 1인당 실질 GDP의 증가율은 거의 차이가 없다고 볼 수 있다.

경제성장은 경제학의 주요 연구 과제 중 하나이다. 경제성장은 국가의 생산량이 장기적으로 증가하는 현상이므로 단기에 관측할 수 있는 경기변동 현상과는 구별해야 한다. 경기변동이란 경제활동의 기복을 의미한다. 쉽게 말해서 경기 호황과 불황이 반복적으로 나타나는 현상을 의미한다. 특히 일시적으로 경기 호황이 나타났다고 해서 경제가 성장했다고 착각해서는 안 된다. 호황이 장기적으로 지속되어야 경제가 성장 국면에 들었다고 판단할 수 있다. 1995년에 노벨상을 수상한 저명한 경제학자 루카스Lucas는 경제성장이 사회 후생에 미치는 영향이 대단히 크므로 경제성장 문제에 한번 생각이 미치면 다른 어떤 경제 문제도 생각하기 어렵다고 토로하였다.[2] 루카스의 이 주장이 학계에 미친 영향은 상당히 컸다. 루카스는 그 이전까지는 경기변동 문제의 연구에 천착하고 있었다. 사실상 그가 노벨상을 받은 이유도 그의 경기변동 이론이 매우 혁신적이었기 때문이었다. 루카스의 주장은 경기를 안정시키려고 노력하는 것보다 경제성장을 촉진함으로써 사람들의 후생을 증가시킬 수 있다는 의미로 해석할 수 있다. 이는 경제성장 이론이 경제학의 핵심 연구 주제로 등장하게 된 계기가 되었다.

수많은 경제학자들이 경제성장 현상을 설명하는 이론 모형을 개발하고 많은 국가의 자료를 분석하여 이론을 검증해 왔

2 Lucas, "On the Mechanics of Economic Development," *Journal of Monetary Economics*, 1988.

다. 거시경제학, 국제무역이론, 경제사, 산업조직론, 노동경제학 등 많은 경제학 세부 분야의 전문가들이 경제성장 문제를 집중적으로 분석하고 있다. 경제성장 현상은 수많은 경제주체의 장기간 의사결정의 종합적인 결과이므로 어느 관점에서 분석하느냐에 따라 다양한 견해가 나올 수밖에 없다. 경제성장에 관해 단순화된 통합 이론을 정립하기는 쉽지 않다.

본 장에서는 그동안 개발된 다양한 이론들의 주요 내용과 시사점을 간략하게 소개한다. 경제성장 이론은 수학, 통계학, 역사학, 정치학 등이 관련되어 있어 이해하기가 쉽지 않다. 되도록 정통 이론의 핵심 메시지를 평이한 문장으로 설명하고자 하지만 일반인이 이해하는 데에 어려움이 있을 수 있다. 독자에 따라서는 깊은 학술 이론에 대해 별 관심이 없을 수 있다. 이 장을 빼고 읽더라도 다음 장을 이해하는 데에는 어렵지 않을 것이다. 굳이 경제성장 이론에 관한 소개를 시도하는 이유는 한국경제의 성장 요인을 엄밀한 이론적 토대 위에서 살펴보기 위해서이다.[3]

---

3 경제성장 이론은 다양한 수준의 국내외 저서를 참고할 수 있다. 일반인 수준에서는 Helpman, *The Mystery of Economic Growth*, 2004, Barro, *Determinants of Economic Growth*, 1997, Weil, *Economic Growth*, 3rd ed., 2013 등을 추천할 수 있다. 수리적 설명을 포함한 전문가용 교재로는 Barro and Sala-i-Martin, Aghion and Howitt, Acemoglu 등 저명 학자들의 저서가 있다.

1. 경제성장의 중요성

한 나라의 경제 수준을 파악하기 위해서 가장 먼저 찾아보는 자료는 아마도 1인당 소득일 것이다. 1인당 소득이 높으면 당연히 부자 나라라고 생각한다. 1인당 소득은 대개 미국 달러로 평가한다. 화폐 단위가 동일해야 국가별 소득 수준의 비교가 가능하기 때문에 자국 통화보다는 달러 기준으로 환산한 통계를 참고한다.

현재 국가별 소득 수준은 크게 다르다. 2019년 통계에 따르면 가장 부유한 국가인 모나코의 1인당 소득은 무려 19만 달러에 달한다.[4] 반대로 가난한 국가의 소득 수준은 상상할 수 없을 정도로 낮다. 소말리아의 1인당 소득은 105달러에 불과하다. 최고 부국의 소득 수준이 최빈국 소득 수준의 거의 1,800배에 달할 정도로 그 격차가 매우 크다. 그렇게 적은 소득으로 과연 생존이 가능할까 하는 의문이 들 정도이다. 여기서 통계로 발표한 소득과 실제 현지인들이 누리는 후생은 다

4 모나코나 리히텐슈타인과 같은 유럽의 도시국가는 사실 예외적인 경우라고 볼 수 있다. 그러나 3위에 해당하는 스위스의 소득도 85,700달러로 매우 높다. 한국은 32,400달러로 198개국 중 32위이다.

를 수 있다는 점을 지적한다. 통계상 GDP는 시장에서 거래된 재화와 서비스의 가치만 포함하고 있다. 아마도 소말리아 사람들은 시장에서 구입하지 않고 스스로 만들어서 소비하는 재화나 서비스가 제법 많을 것이다. 그런 것들은 GDP에 포함되지 않으므로 통계 지표가 말하는 것보다 그들의 소비수준이 더 높을 가능성이 있다. 예를 들어 선진국에서는 아프면 돈을 내고 병원에서 치료를 받는다. 이때 거래한 의료 서비스의 가치는 당연히 GDP에 포함될 것이다. 소말리아에서는 아마도 민간요법으로 스스로 치료하는 경우가 많을 것이다. 이는 GDP와는 상관없다. 물론 치료 수준의 차이는 매우 크지만 민간요법으로 낫는 경우도 있을 테니 소말리아 사람이 누리는 후생수준이 통계처럼 낮다고 보기는 어렵다. 그렇다고 해서 부국과 빈국 사이의 소득 차이가 결코 작다는 것은 아니다. GDP의 특성을 고려하더라도 국가 간 소득 격차는 매우 크다.

그러면 왜 같은 지구 위에서 부국과 빈국의 소득 차이가 그렇게 클 수 있을까? 왜 어떤 나라의 소득은 그렇게 높은데 또 어떤 나라는 그렇게도 가난한가? 각국의 소득 수준을 결정하는 요인은 도대체 무엇인가는 정말 흥미로운 연구 주제가 아닐 수 없다. 원인을 알아야 대책을 강구할 수 있다. 소득을 결정 하는 요인을 알면 소득을 증가시킬 수 있는 방안도 도출할 수 있을 것이다.

아주 옛날에는 국가별 소득 차이가 그다지 크지 않았을 것으로 짐작된다. 현재 1인당 소득 수준이 높은 나라는 아마도 상당한 기간 동안 경제성장률이 지속적으로 높았기 때문일 것이다. 각국의 경제성장률은 천차만별이다. 2019년 자료를 보니, 투발루가 9.7퍼센트, 르완다가 9.4퍼센트로 매우 높다. 반면에 레바논이 −5.6퍼센트, 짐바브웨가 −8.1퍼센트로 가장 낮다. 이 자료는 2019년 한 해의 자료이므로 큰 의미는 없지만, 국가의 경제성장률 차이가 매우 크다는 점은 시사한다. 지속적으로 높은 성장률을 기록하는 국가의 소득 수준은 시간이 흐름에 따라 더욱 높아질 것은 분명하다. 반대로 성장률이 낮거나 마이너스 성장을 계속하면 소득 수준은 높아지기 어렵다.

루카스는 1993년에 "기적 만들기Making a Miracle"라는 흥미로운 제목의 논문을 발표한다.[5] 그 서론 부분에 한국과 필리핀을 비교하는 내용이 있는데 그 시사하는 바가 참으로 크다. 1960년에 양국의 경제 수준은 여러 면에서 비슷하였다. 1인당 소득이 640달러 수준으로 거의 같았으며, 필리핀의 인구는 2,800만 명, 한국의 인구는 2,500만 명으로 큰 차이가 없었다. 인구의 수도 집중률, 전 산업 중 농업이 차지하는 비율도 엇비슷했다. 그러나 1960년에서 1988년까지 한국은 연평균 6.2퍼센트 성장했고, 필리핀은 1.8퍼센트 성장했다. 그 결과 1988년

5 Lucas, "Making a Miracle," *Econometrica*, 1993.

소득을 보면 한국이 필리핀의 3배에 이른다.[6] 매년 4.4퍼센트 포인트의 성장률 차이가 28년이 경과한 후에 소득 수준의 엄청난 격차를 초래하였다. 지속적인 성장률의 유지가 미래의 소득 수준에 미치는 놀라운 효과에 주목해야 한다. 루카스는 한국의 고도성장을 격찬하며 개발도상국에게 한국을 본받으라는 말은 미국 프로농구 선수에게 마이클 조던처럼 경기하라는 말과 같이 실제로 실천하기는 매우 어렵다고 말한다. 한국 경제성장에 대한 격찬이 아닐 수 없다.

'72의 법칙'을 이용하면 경제성장률의 중요성을 실감할 수 있다.[7] 어떤 변수가 2배 되는데 걸리는 기간은 72 나누기 평균 증가율로 결정된다. 연평균 경제성장률이 2퍼센트라고 하면 대략 36년 후에 소득이 2배가 된다. 즉 한 세대가 지나면 소득 수준이 2배 이상이 된다. 성장률을 4퍼센트로 높일 수 있으면 소득이 2배가 되는 데에 걸리는 기간이 18년으로 줄어든다. 또는 36년 후에 소득이 4배가 된다. 연평균 경제성장률의 차이가 장기적으로 어떤 결과를 가져올지 짐작할 수 있다. 앞에서 예로 든 한국과 필리핀의 소득 격차가 쉽게 이해된다. 한국의 성장률이 필리핀보다 장기적으로 높았기 때문에 양국 사이의 소

---

6 2019년에 한국의 1인당 소득은 32,400달러이며 필리핀의 1인당 소득은 3,900달러로 격차가 더 벌어졌다. 1988년 이후 한국과 필리핀의 연평균 경제성장률 차이가 30년 이상 지속되어 소득 수준의 차이가 더 커진 것이다.

7 '72의 법칙'은 근사적으로 표현하여 '70의 법칙'으로 불리기도 한다.

득 격차는 시간이 갈수록 커졌던 것이다. 아울러 왜 세계 각국의 소득 차이가 그렇게 커졌는지도 알 수 있다. 부국은 높은 성장률을 장기간 유지했고 빈국은 낮은 성장률에서 장기간 벗어나지 못했다. 그 결과 시간이 흐를수록 부국과 빈국의 소득 격차는 계속 벌어진 것이다. 높은 소득 수준을 향유하고 싶으면 오랫동안 높은 성장률을 달성해야 한다. 단순하지만 거부할 수 없는 사실이다.

2. 경제성장에 대한 관심

놀랍게도 경제성장은 지극히 최근에 일어난 현상이다. 인류 역사를 돌이켜보면 대부분 기간에 사실상 성장은 거의 없었다. 장기간의 소득 자료를 추계하는 것은 불가능하므로 소득 대신에 인류학자들이 추계한 인구 통계를 이용하면 성장의 추이를 짐작할 수 있다. 대부분 역사에서 인구의 증가 속도는 매우 느렸다. 인류가 지구 위에 나타난 이후 오랜 기간 인구는 매우 느리게 증가하였으며 18세기에 들어서야 인구가 폭발적으로 증가하였다. 인구의 증가는 소득의 증가로 해석할 수 있으므로 소득 증가도 그 시기에 갑자기 발생하였음을 알 수 있다.[8] 왜

[8] 인구가 증가하기 위해서는 생존을 위해 반드시 생산의 증가가 필요하다. 그것이 인구 증가와 경제성장을 동일시하는 이유이다.

대부분의 기간에는 거의 성장이 없다가 불과 2,300년 전에 들어서 갑자기 성장하게 되었는지가 의문이다. 다음에 경제성장 이론을 설명하면서 하나씩 밝혀지겠지만, 기술 발전이 인구 증가와 경제성장을 낳았다는 설명이 가장 유력하다. 산업혁명 이후 기술이 비약적으로 발전함에 따라 인구 증가와 경제성장이 동시에 발생하였다.

경제성장에 관한 제대로 된 이론이라면 다음의 두 가지 질문에 대해 그럴듯한 답을 해야 한다. 첫째, 인류 역사를 돌이켜 보면 최근에 들어서서야 본격적인 성장이 가능했다. 그 장구한 기간에는 불가능했던 성장이 이제 와서 가능해진 이유는 무엇일까. 둘째, 국가마다 소득 수준과 경제성장률은 크게 다르다. 어떤 국가의 소득 수준은 높은 데 반해, 여전히 빈곤을 벗어나지 못하는 국가가 존재하는 이유 무엇일까. 즉 한 국가의 성장 원천은 무엇일까. 첫 번째 질문은 세계 전체의 성장에 관한 질문이고, 두 번째 질문은 국가 간 소득의 비교에서 비롯된 질문이다.

경제성장에 관한 연구는 오래되었다. 봉건시대를 지나 소위 국가가 형성된 이후에는 국가의 성장에 관심이 커졌다. 중상주의 학파는 보호무역, 화폐의 축적 등이 국부를 증가시킨다고 믿었다. 당시 신대륙으로부터 엄청난 규모의 귀금속이 스페인으로 흘러 들어갔다. 금과 은은 곧 화폐를 의미한다. 그러나 기대와 다르게 스페인은 높은 인플레이션으로 무역, 산업의 경쟁력이 하락하였으며 정치적 부패까지 겹쳐서 경제가 성장하기는커녕 평범한 국가로 전락하고 말았다.

아담 스미스A. Smith 『국부론』(1776)의 내용은 사실상 국가의 성장에 관한 연구로 귀결된다. 노동의 분업과 자본 축적이 한 국가의 부를 증가시키는 주요인이라는 스미스의 주장은 당시에는 획기적이었다. 생산에 참여하는 노동자는 분업을 통해 생산량을 크게 늘릴 수 있다. 자본의 증가는 생산인구의 고용을 증진한다. 분업과 자유 교역, 자본 축적의 중요성을 강조한 스미스의 주장은 그 후 주류 경제학으로 자리를 잡게 된다. 반면에, 맬서스Malthus는 인구의 증가 문제를 들어 경제성장에 관해 다소 부정적인 견해를 제시하였다.[9] 산업혁명 이후 인류는 유례없는 번영을 경험하였다. 맬서스는 기술 발달의 중요성을 간과했다. 그러나 맬서스의 주장이 시사하는 바도 귀담아들어야 한다. 많은 빈국들이 인구의 부담으로 가난을 쉽게 벗어나지 못하고 있다. 개발도상국들이 개발 초기에 인구 증가를 억제하는 정책을 시행하는 데에는 충분한 이유가 있다.

---

[9] 맬서스는 1798년에 발표한 『인구가 사회의 미래 개선에 영향을 미치는 원리에 대한 소론』에서 식량은 산술급수적으로 증가하는 반면에, 인구는 기하급수적으로 증가하므로 인류는 숙명적으로 최저 생계 수준을 벗어나기 어렵다고 주장하였다. 인구 증가를 주요 문제로 보는 성장 비관론은 지금도 큰 영향을 미치고 있다.

이후의 경제학 발달 과정에서 경제성장 문제는 다소 소홀히 다루어졌다. 수요 공급과 가격 결정이론, 소위 미시경제학이 경제학의 중심이 되었다. 1920년대 말 대공황을 거치는 동안 거시경제에 대한 관심이 커졌으나 경기변동 문제가 주된 이슈였다. 불황을 극복하고 경기를 안정시키는 방안이 주된 관심사가 되었다. 당대 최고의 경제학자로 불리는 케인스Keynes 역시 경제성장에 관해 특별한 의견을 제시한 적이 없다.[10] 오히려 1940년대에 쿠즈네츠Kuznets가 개발한 국민소득 통계 작성 기법이 후일의 경제성장 연구에 큰 도움을 주게 된다.

2차 세계대전 이후 미국의 수리 경제학자들이 중심이 되어 경제성장 문제를 분석하기 시작했고 경제성장은 다시 경제학의 핵심 연구과제로 대두되었다. 그중 솔로우Solow는 1956년에 현대 경제성장 이론의 초석이 되는 논문을 발표하였다.[11] 그 공적으로 솔로우는 1987년에 노벨 경제학상을 수상하였다. 그 이후 1980년대 중반까지는 경제성장에 대한 학계의 관심이 다시 수그러든다. 오히려 경기침체, 실업과 인플레이션 등 경기변동과 관련된 문제가 더 관심을 모았다. 1970년대에 두 차례 발생한 석유 파동으로 전 세계에 스태그플레이션이 발생하여

10 케인스의 대표 저작인 『일반이론』(*The General Theory of Employment Interest and Money*, 1936)의 색인에는 경제성장이라는 단어가 언급되지 않는다.

11 Solow, "A Contribution to the Theory of Economic Growth," *Quarterly Journal of Economics*, 1956. 솔로우는 1924년 생으로 현재까지 99세의 나이로 생존하고 있다.

성장보다는 경기를 안정시키는 것이 우선적인 과제라고 인식했기 때문이다.

성장의 문제가 다시 대두된 것은 1980년대 중반 이후이다. 소위 신성장이론new growth theory 또는 내생성장이론endogenous growth theory이 학계에 돌풍을 일으키게 되었다.[12] 이 이론의 선두 주자였던 로머Romer는 2018년에 노벨상을 수상하였다. 로머의 주요 연구 업적은 그가 시카고대학University of Chicago 박사 학위 과정에서 연구한 내용이 토대가 되었다. 그 이후 경제성장의 문제는 경제학의 핵심 위치를 차지하게 된다. 수많은 거시경제학자, 경제사학자, 산업 분야 및 무역 분야 전문가, 노동경제학자들이 경제성장 문제의 연구에 합류하게 된다.

지금까지 개발된 경제성장 이론은 간략히 요약할 수 있다. 경제성장은 생산요소의 투입 증가나 생산성의 향상이 있어야 가능하다. 생산에 필요한 요소인 노동과 자본의 투입량이 증가하거나 노동과 자본 한 단위 투입에 따라 생산되는 수량이 증가해야 한다. 두 요인 중에 생산성 향상이 장기적 성장에 더 중요함은 물론이다. 생산성이 높아지기 위해서는 기술이 발달하거나 효율적인 경제체제가 뒷받침되어야 한다.

---

12 솔로우의 이론은 외생적인 기술 발전이 성장을 가져온다고 주장한 데에 비해, 새로운 그룹의 학자들은 기술 발전의 원인까지 규명하고자 하였다. 그래서 내생성장이론이라고 부른다.

농부가 벼를 키워 쌀을 생산하는 경우를 생각해 보자. 쌀을 많이 생산하는 것이 곧 경제성장이다. 쌀의 수확량을 증가시키기 위해서는 우선 토지, 노동, 자본 등 생산요소의 투입을 증가시키는 방법을 고려할 수 있다. 경작 면적을 넓히거나 일하는 시간 또는 노동자의 수를 늘려서 노동 투입량을 증가시키거나 쟁기, 호미, 삽 등 기구를 더 많이 투입하면 생산량이 증가한다. 다음으로 생산성을 높이는 방법을 생각해 보자. 동일한 크기의 생산요소를 투입해서 더 많은 양을 생산하는 방법이 있을까. 이 농부의 숙련도가 높아지면 수확량을 늘릴 수 있다. 또는 생산기술이 개선되면 생산량의 증가를 기대할 수 있다. 기상 상태를 잘 살펴 적절한 시기에 볍씨를 뿌리거나 비료를 주는 방식, 수확하는 시기나 방법 등 아마도 농사에 관련된 지식이나 기술이 개선되면 수확량이 증가할 것이다. 마지막으로는 이 농부의 일하는 태도 또는 마음 자세가 수확량에 영향을 미칠 수 있다. 새로운 지식이나 기술을 거부하지 않고 적극적으로 습득하려고 하는 개방적인 사고를 하는가도 중요하다. 농부가 속한 공동체의 제도나 문화도 생산성에 영향을 미칠 수 있다. 소유권이 명확히 확립되어 산출물이 농부에게 명확히 귀속되는가도 생산성과 관련이 있다. 즉 효율적으로 생산기술을 활용하면 생산량을 증가시킬 수 있을 것이다.

위 농부의 사례는 개인의 경우이므로 수많은 사람 사이의 상호작용까지는 고려하지 못하였으나 성장의 기본 원천을 이해하는 데에는 도움이 된다. 생산량을 늘리기 위해서는 생산요소를 더 투입하든지 아니면 생산성이 향상되어야 한다. 그리고 생산성은 기술 수준과 경제체제 효율성의 영향을 받는다.

3. 솔로우 성장이론

자본 축적이 성장의 원천

무에서 유를 창조할 수는 없다. 무엇인가를 생산하기 위해서는 반드시 투입물이 필요하다. 경제학자들은 대표적인 투입물로 노동과 자본을 고려한다. 노동은 생산을 위해 투입된 사람의 활동을 의미하며, 자본은 기계, 장비, 도구 등으로 생산에 투입된 물적자본을 의미한다. 노동과 자본의 투입이 증가하면 생산량도 증가한다. 경제학자들은 생산량과 인구의 비율, 즉 1인당 생산량의 증가로 경제성장을 설명한다. 사람들이 누리는 후생은 총생산량이 아니라 1인당 생산량에 따라 정해진다. 1인당 생산량을 증가시키려면 1인당 자본이 증가해야 한다.[13] 자본 저량 증가를 위한 지출을 투자라고 한다. 기계 구

13 솔로우는 분석의 편의를 위해 전 인구가 노동한다고 가정하였다. 실제로는 유아나 청소년, 그리고 고령자는 노동하지 않지만 인구의 일정 비율이 노동을 공급한다고 보면 인구와 노동을 구별하지 않고 분석하더라도 결과의 차이는 크지 않다.

입에 1억 원을 지출하면 1억 원 어치의 기계, 즉 자본 저량이 증가한다.[14] 물적자본의 증가가 생산 증가를 가져오므로 투자의 증가는 당연히 경제성장의 원천이 된다. 반면에 노동의 증가가 성장에 미치는 효과는 이중적이다. 노동이 증가하면 생산이 늘지만 1인당 자본은 감소할 수 있다. 솔로우의 이론에 따르면 인구 증가율의 상승은 1인당 소득 수준을 저하시킨다. 많은 인구는 경제성장 초기에 부담이 되는 경우가 있다.

자본 축적의 경우에 한 가지 더 고려 사항이 있다. 기계의 가치가 감소하면, 즉 감가상각이 발생하면 1인당 자본은 감소한다는 점이다. PC 1대가 생산에 투입되었다고 하자. 시간이 흐름에 따라 PC의 기능이 감퇴하면 1인당 자본이 감소하고 따라서 1인당 생산도 줄어든다. 요약하면, 투자는 경제 내의 1인당 자본 저량을 증가시키고, 감가상각은 1인당 자본 저량을 감소시킨다. 투자와 감가상각의 크기가 정확히 같으면 플러스,

---

14 여기서 자본과 노동의 차이를 한 가지 지적한다. 노예 제도가 없으므로 기업은 시장에서 노동자가 제공하는 노동시간을 구입하고 그 대가로 시간당 임금을 지불한다. 노동자를 소유하지는 못한다. 자본은 노동과 다르다. 기계를 구입하거나 임대하면 기업이 이용할 수 있는 자본 저량이 증가한다. 기계 총량, 즉 자본 저량에서 나오는 서비스가 생산의 투입요소로 작용한다. 기계의 소유나 임대에 대한 대가는 임대료로 측정된다. 시장이 완전하면 기계를 소유하는 경우와 임차하는 경우의 결과는 똑같아진다. 만약에 소유가 임대보다 유리하면 모든 기업이 소유 방식을 택할 것이고, 반대로 임대가 유리하면 모든 기업이 임대 방식을 선택할 것이다. 현실에서는 소유와 임대가 공존하므로 두 방식의 결과 차이는 없다고 볼 수 있다.

마이너스 효과가 상쇄되어 1인당 자본은 변하지 않는다. 1인당 자본이 변하지 않는 상태를 균제상태steady-state라고 한다. 만약에 투자가 감가상각보다 크면 1인당 자본이 증가한다. 투자에 따른 자본 저량의 증가 효과가 감가상각 때문에 나타나는 자본 저량의 감소 효과보다 크기 때문이다. 반대로 투자가 감가상각보다 더 작으면 1인당 자본 저량은 감소한다. 투자와 감가상각의 크기가 같은 경우에만 1인당 자본 저량이 변하지 않는 균제상태가 된다.

시간이 흐름에 따라 경제는 균제상태로 자연히 수렴하는 경향을 보인다. 어떤 이유에 의해서 현재 투자가 감가상각보다 크다고 하자. 1인당 자본이 증가할 것이다. 자본을 증가시키는 투자의 플러스 효과가 자본을 감소시키는 감가상각의 마이너스 효과보다 크기 때문이다. 1인당 자본이 커지므로 1인당 생산도 증가하며 이는 경제성장을 의미한다. 그러나 1인당 자본과 1인당 생산이 계속 증가하지는 않는다. 왜냐하면 자본의 수확체감 현상 때문이다.[15] 자본이 증가하면 생산이 증가하는 것

---

15 수확체감 또는 한계생산체감은 경제학의 기본 가정이다. 생산요소의 투입량이 증가하면 산출량이 증가한다. 이를 한계생산이라고 한다. 그러나 생산요소의 투입량이 증가할수록 한계생산은 점차 감소한다. 물론 한계생산이 마이너스가 되지는 않지만 점차 0에 가깝게 감소한다는 것이다. 쌀 농사의 경우를 다시 생각해 보자. 농부가 한 명 더 투입되면 생산량이 증가할 것이다. 즉 한계생산이 플러스이다. 그러나 토지 면적이 그대로인데 농부가 한 명, 두 명 더 투입된다고 해서 생산량이 무한히 증가하지는 않을 것이다. 한계생산은 점차 감소하여 결국 0이 될 것이다. 자

은 분명하나 자본 1단위가 증가할 때마다 증가하는 생산량은 점차 줄어든다는 것이다. 예를 들면 처음에 기계 한 대를 추가하면 생산이 10개가 증가하나 다음에 기계를 한 대 더 투입하면 생산은 8개만 증가하고, 다음에 다시 기계를 투입하면 생산은 5개만 증가한다는 것이다. 1인당 자본이 증가하더라도 생산량이 지속적으로 크게 증가하지는 않는다. 소득의 일정 비율이 저축, 또는 투자된다고 가정하자. 자본의 한계생산 체감 특성 때문에 투자의 자본 저량에 미치는 효과는 점차 줄어든다. 반면에 감가상각은 자본과 비례하여 결정된다. 결국에 자본의 증가하는 힘과 감소하는 힘이 균형을 이루어 균제상태가 발생한다. 새로운 균제상태에 도달하면 경제는 더 이상 성장하지 않는다. 자본의 증가가 경제를 영구적으로 성장시키지는 못한다. 어쨌든 투자가 감가상각보다 크면 일시적이라도 경제성장이 발생한다.

솔로우는 자본 축적이 경제성장의 원천이라고 보았다. 자본 축적을 위해서는 저축과 투자가 필요하다. 저축이 있어야 투자가 가능하다. 1인당 투자가 증가하면 1인당 자본이 증가하고 따라서 1인당 생산도 증가한다. 즉 경제가 성장한다. 그러나 경제성장이 영구적으로 발생하지는 않고, 결국에 투자의 크기가 감가상각의 크기와 다시 일치하게 되어 경제성장은 멈추게

본의 경우에도 수확체감 현상은 적용된다고 가정한다.

된다. 자본의 수확체감 특성 때문에 경제성장은 영구히 지속될 수는 없다. 여기서 솔로우의 경제성장 이론은 현실의 벽에 부딪히게 된다. 세계경제는 산업혁명 이후 지속적으로 성장하고 있다. 경제가 지속적으로 성장하는 이유를 솔로우 이론만으로 설명할 수 없다. 자본 축적만으로는 실제 경제성장을 완벽하게 설명할 수 없다. 그렇다고 해도 투자 증가에 따른 물적자본의 축적이 있으면 경제가 성장한다는 점을 밝힌 것만 해도 상당한 진전을 이루었다고 평가할 수 있다. 그가 노벨상을 수상한 이유도 거기에 있다.

솔로우의 주장을 뒷받침하는 증거는 많다. 저축률이 높은 국가의 성장률이 더 높다는 사실은 충분한 증거가 된다. 개발 초기에 국민 저축을 제고하기 위해 정부는 여러 유인책을 쓴다. 문제는 겨우 생계를 유지하는 저개발국에서 저축을 크게 늘리는 데에는 어려움이 있다는 것이다. 국내 저축이 부족하면 해외 저축에 의존할 수 있다. 해외직접투자FDI : foreign direct investment나 해외포트폴리오 투자를 통해 해외자본이 유입되면 국내 저축 이상의 투자가 가능하다. 오늘날 중국의 성장은 대규모 FDI의 도움이 없었으면 절대 불가능했을 것이다. 오늘날 저개발국들이 FDI의 유치에 노력하는 이유는 부족한 국내 투자를 보완하기 위해서이다.

따라잡기

가난한 국가의 주민들은 매일 가난에 허덕인다. 부자 나라의 국민이 누리는 복지 수준에 대해 전해 들을 때마다 자신의 처지를 한탄하면서 얼마나 그들을 부러워할까. 그런데 그들에게 귀가 번쩍 뜨일 희소식이 있다. 자본의 수확체감 법칙이 성립하면 따라잡기catch-up 또는 수렴convergence이 가능할 것이라는 주장이 바로 그것이다. 가난한 국가의 소득 수준이 빠르게 증가하여 부자 나라의 소득 수준을 어젠가는 따라잡을 것이라는 주장은 어둠 속에서 희망을 주는 메시지가 아닐 수 없다. 지금은 가난하지만 참고 견디다 보면 우리도 부자 나라가 될 것이다.

자본의 수확체감 특성이 확실하게 성립하면 이론적으로 빈국과 부국 사이의 소득 수준이 수렴할 것이다. 빈국은 자본 축적 수준이 저조하므로 자본의 한계생산이 매우 크다. 따라서 자본이 추가되면 생산 증가가 매우 클 수 있다. 반면에 부국은 자본 축적 수준이 매우 높으므로 자본이 추가되더라도 생산 증가가 미미할 것이다. 결국에 빈국은 빠르게 성장하고 부국은 느리게 성장하여 언젠가는 빈국이 부국을 따라잡게 된다는 것이다.

2차 세계대전의 패전국인 독일과 일본은 불과 일이십 년 만에 미국, 영국 등 승전국의 소득 수준을 따라잡았다. 그러나 이를 수렴정리의 증거로 보기는 어렵다. 독일과 일본은 전쟁 전에도 세계적인 수준의 인적자본과 기술 수준을 보유했었다. 비록 독일과 일본이 전쟁에 패했다고 하더라도 국민의 인적자본 수준이 크게 달라지지는 않았을 것이다. 기술 수준 역시 마찬가지이다. 다만 물적자본이 파괴되었을 뿐이다. 물적자본이 줄어들었기 때문에 자본의 한계생산은 더 높아졌다. 약간의 자본만 추가하더라도 높은 성장이 가능했으므로 선진국을 쉽게 따라잡았을 뿐이다.

실제로 빈국에서 출발해서 부국의 반열에 오른 국가는 매우 드물다. 한국이 그중 하나이다. 그 외에 타이완, 싱가포르, 홍콩 정도가 따라잡기에 성공한 나라로 꼽힐 수 있다. 아직도 아프리카의 대부분 국가들, 서남아시아의 많은 국가들의 소득 수준은 매우 낮은 수준에 머물러 있다. 중남미 국가들도 마찬가지이다. 중남미의 국가들은 대개 19세기 초엽에 독립하였으므로 자본주의 경제체제의 역사가 꽤 오래되었으나 아직도 중진국을 벗어나지 못하고 있다. 가장 잘 사는 칠레나 우루과이의 1인당 소득이 15,000달러를 조금 넘는 정도이다. 베네수엘라, 파라과이 등은 몇천 달러 수준에서 벗어나지 못하고 있다.

수렴정리의 현실 타당성에 대한 엄밀한 통계 검증 결과를 소개한다. 바로Barro와 살라이마틴Sala-i-Martin은 각국의 초기 소득 수준과 연평균 경제성장률 사이의 상관성을 조사하였다.[16]

초기 소득 수준이 낮은 국가, 즉 빈국의 평균 성장률이 부국보다 장기에 걸쳐서 더 높다고 하면 수렴 현상이 나타나야 한다. 성공한 국가들의 모임인 OECD 회원국을 대상으로 조사하면 수렴정리가 어느 정도 타당한 것으로 보인다. 한국처럼 초기에 소득 수준이 낮았으나 그 이후 평균 성장률이 높아서 소득이 크게 증가한 국가가 제법 있다. 그러나 아프리카, 아시아, 남미 등 세계 거의 모든 국가를 다 포함한 표본에서는 수렴정리의 타당성을 찾기 어렵다. 실망스럽게도 가난한 나라들은 여전히 가난하고 부자 국가들은 더욱 부유해졌다.

현실에서 절대적 수렴absolute convergence이 잘 맞지 않게 되자 경제학자들은 새로운 방식으로 수렴 현상을 분석하게 되었다. 조건부 수렴conditional convergence은 양국의 자본 축적 수준만 다르고 다른 조건이 동일하면 시간이 흐름에 따라 소득 수준이 비슷해질 것이라는 예측이다. 다른 조건이 동일하기는 사실상 어렵다. 결국 자국의 경제 여건에 따라 결정되는 균제수준을 향해 각각 수렴해 간다고 볼 수밖에 없다. 각국의 조건이 모두 동일하기는 어려우므로 시간이 흐름에 따라 소득 수준이 수렴한다는 주장은 현실에서 성립하지 않는다.

여기서 솔로우 모형의 한계가 다시 드러난다. 자본축적만으로는 경제성장을 설명하기 어렵다. 투입 생산요소로 인적자본

---

16 Barro and Sala-i-Martin, *Economic Growth*, 2nd ed., 2004.

을 추가하면 설명력이 다소 증가하나 여전히 성장 현상을 완벽하게 설명하지는 못한다.[17] 솔로우는 성장의 원천으로 물적자본만 중시하고 있지만 실제로 성장에 영향을 미치는 요인은 훨씬 다양하다. 자료를 조사해 보면 물적자본의 축적 외에도 많은 요인이 존재한다는 것을 알 수 있다. 솔로우 역시 노동과 자본 투입만으로 미국경제의 성장을 잘 설명하지 못한다는 사실을 알았다. 솔로우의 연구가 발표된 직후 데니슨Denison의 연구에 따르면 미국의 경제성장은 노동, 자본 등 생산요소의 투입만으로는 전부 설명할 수 없다.[18] 노동 및 자본 투입으로 설명하지 못하는 경제성장 부분, 즉 잔차항residual을 총칭하여 총요소생산성TFP: total factor productivity이라고 정의한다. 총요소생산성이 경제성장에 기여하는 부분이 상당히 크다. 총요소생산성의 증가를 유발하는 요인으로는 가장 먼저 기술 발전을 생각할 수 있다. 솔로우도 기술 발전의 중요성은 충분히 인식한 것 같다. 그러나 기술 발전의 본질에 대해 깊이 있는 분석은 시도하지 않았다. 외생적으로 결정되는 기술 발전이 경제성장을 촉진할 것이라는 정도의 부연 설명에 그쳤다. 기술의 본질과 기술이 성장에 미치는 효과에 대해서는 다음에 설명할 신성장이론에서 본격적으로 거론하기 시작한다.

---

17 Mankiw, Romer, and Weil, "A Contribution to the Empirics of Economic Growth," *The Quarterly Journal of Economics*, 1992.

18 Denison, "Sources of Growth in the United States and the Alternatives Before Us," Supplement Paper 13, 1962, New York: Committee for Economic Development.

인적자본

직접적인 생산요소에는 물적자본 외에 인적자본human capital이나 자연자원natural resources이 있다. 인적자본은 단순한 노동시간을 의미하지 않는다. 노동자 각자에게 체화된 정보나 지식, 스킬, 노하우 등 노동생산성에 영향을 미치는 다양한 요소를 의미한다. 다른 조건이 다 같다고 하더라도 두 명의 노동자가 동일한 시간을 일했을 때 똑같은 성과를 보일 것이라고 상상하기는 어렵다. 분명히 일을 더 잘하고 못하고의 차이가 있을 것이다. 일을 더 잘하는 노동자는 인적자본을 더 많이 축적하고 있다고 볼 수 있다. 인적자본의 차이가 노동생산성의 차이를 가져온다. 인적자본 수준이 높으면 같은 시간을 일해도 더 많이 생산할 수 있다.

인적자본은 눈에 안 보이지만 분명히 존재한다. 인적자본은 자본의 속성을 갖고 있다. 물적자본과 마찬가지로 투자를 통해 인적자본은 축적된다. 교육이나 훈련이 인적자본에 대한 투자이다. 경험이나 현장학습도 인적자본의 축적에 도움이 된다. 노동시간은 한번 생산에 투입되면 사라진다. 인적자본은 생산에 사용되면 없어져 버리는 개념이 아니다. 어떤 사람이 알고 있는 영어 단어 총량을 예로 들어 보자. 영어 단어를 많이 알고 있으면 인적자본 수준이 높다고 가정한다. 한 사람이 매일 단어를 10개씩 암기하면 그가 알고 있는 영어 단어의 총량이 많아질 것이다. 단어를 외우는 행위가 곧 인적자본에 대한 투자를 의미하며, 암기하고 있는 총 단어 수는 인적자본 저량을 의미한다. 인적자본이 늘어나면 영어 통역이나 영어책 번역 등의 생산이 증가한다. 마치 기계가 증가하면 생산이 늘어나는 것처럼 축적한 영어 단어의 총량이 증가하면 통역, 출판 등의 생산량이 증가한다. 영어 단어는 한번 생산에 사용한다고 해서 바로 사라지는 것은 아니다. 마치 기계가 생산에 투입되었을 때 한번 쓰고 버리는 것이 아닌 것처럼 인적자본 총량은 계속 생산에 영향을 미친다. 물론 감가상각도 발생할 수 있다. 매일 잊어버리는 단어가 있을 수 있기 때문이다. 이 특성도 물적자본과 비슷하다. 마치 기계의 생산력이 시간이 지나면서 줄어드는 것처럼 노동자가 암기하고 있는 인적자본 총량도 자연히 줄어든다. 이렇게 보면 인적자본의 속성은 물적자본과 유사하다. 투자를 통해 자본 총량이 증가하고, 자본 총량이 생산에 영향을 미치며, 시간이 흐름에 따라 감가상각이 발생한다.

아마도 노예 제도가 있던 시절에는 노예의 시장가격으로 인적자본의 크기를 측정할 수 있었을 것이다. 현재도 인적자본이 비교적 정확히 평가되는 경우를 스포츠나 연예산업에서 찾아볼 수 있다. 프로축구 선수의 이적료는 그 선수가 보유한 인적자본을 시장에서 평가한 결과이다. 세계적인 축구 선수인 음바페가 2018년에 파리 생제르맹 팀으로 이적할 때 이적료는 1억 8,000만 유로에 달했다. 이는 음바페가 보유한 인적자본의 시장가치로 볼 수 있다. 이적료는 구단이 선수를 독점적으로 활용할 수 있는 권리에 대한 대가로 구단끼리 서로 사고팔 때 적용된다.[19] 선수는 자신의 인적자본에서 나오는 서비스에 대한 보상으로 연봉을 받게 된다. 선수의 이적료는 시장에서 결정된다. 구단이 보유한 선수의 이적료가 상승하면 구단은 자본이득을 얻게 된다.

인적자본은 노동자 개인의 사유 재산이다. 어떤 기업에 근무하며 습득한 지식이나 정보는 본인의 것인가 아니면 기업의 것인가의 문제는 상당히 논란이 된다. 이론적으로는 본인의 것이라고 볼 수 있다. 자신이 교육과 현장 경험을 통해 축적하였기 때문이다. 종종 퇴직 후에 경쟁업체에 고액으로 채용되어 사회적 물의를 빚는 경우가 있다. 물론 당하는 기업의 입장에서는 분통이 터질 일이다. 기업에 근무하면서 축적한 인적자본을 다른 기업, 특히 경쟁 관계에 있는 기업에서 활용하는 것을 강제로 막을 수 있는가. 이를 막기 위해 계약할 때 동종 업종에 일정 기간 취업하지 못하도록 명문화할 수 있다. 또한 이공계의 지식은 그 수명이 길지 않아서 다른 기업에 취업하더라도 크게 도움이 안 되므로 큰 문제가 안 될 수도 있다. 그러나 아직도 개발도상국의 동종 기업에 고액으로 재취업하는 경우가 간혹 발생한다. 한국의 첨단 기업에 근무하던 사람이 외국

19 다른 자산의 경우와 달리 프로 선수를 사고팔 때는 선수의 동의가 어느 정도 필요하다. 선수에게 직접 지급되는 연봉이 인적자본의 거래에 영향을 미치게 된다.

계 기업에 고액으로 스카우트되어 사회적 이슈가 되는 경우를 가끔 본다. 원칙적으로 인적자본은 사유 재산이므로 그 자체를 막기는 어렵다. 물론 국가 안보를 이유로 타국으로 인적자본을 유출하는 것을 법으로 막을 수는 있다. 원칙적으로 인적자본은 개인의 것이므로 강제로 막는 것보다 시장에서 계약 조건으로 규제하는 방식을 동원해야 할 것이다.

인적자본의 개념은 노동경제학자들이 먼저 생각해 냈다.[20] 민서Mincer는 개인 소득의 원천으로 노동자를 더 생산적으로 만들어 주는 기술을 생각했다. 그 후에 성장이론에서 인적자본 개념을 도입하였다. 루카스는 각국의 인적자본 차이가 소득의 차이를 가져온다는 주장을 하게 된다.[21] 인적자본 수준이 높은 노동자는 노동생산성이 높다. 같은 시간을 일해도 더 많은 생산이 가능하다. 부자 나라의 노동자들은 더 많은 인적자본을 보유하고 있다. 부자 나라 노동자들의 노동생산성이 더 높다. 따라서 다른 조건이 같다고 하면 인적자본 축적 수준이 높은 나라의 소득 수준이 더 높게 된다.

인적자본의 축적이 경제성장을 유발한다는 주장을 검증하기

---

20 Mincer, "Investment in Human Capital and Personal Income Distribution." *Journal of Political Economy*, 1958.

21 Lucas, "On the Mechanics of Economic Development," *Journal of Monetary Economics*, 1988.

위해서 인적자본을 정량적으로 측정할 필요가 있다. 대부분의 경우에 인적자본의 크기를 측정하기는 매우 어렵다. 노동자는 자신의 인적자본을 통째로 거래하는 것이 아니라 인적자본에서 나오는 서비스를 시장에서 판매한다. 인적자본의 가치는 노동 서비스에 대한 대가인 임금으로 평가된다. 인적자본 수준이 높은 노동자가 시장에서 임금을 더 많이 받는다. 개개인의 인적자본의 축적 수준은 교육과 관련된다. 교육을 통해 인적자본이 축적된다고 보면 된다. 교육 기간의 차이가 인적자본 수준의 차이를 가져오고 그에 따라 임금 차이가 나타난다. 크루거 Krueger와 앵그리스트Angrist의 연구에 따르면, 미국에서 일 년 교육을 더 받으면 소득이 9퍼센트 정도 증가한다.[22] 교육 기간의 차이가 임금 차이를 유발하는 것을 보면 인적자본이 분명히 생산에 기여하는 바가 크다고 볼 수 있다. 개인 차원에서 교육 수준의 차이가 근로소득의 차이를 가져오듯이 국민의 평균 교육 기간이 국민소득과 양의 상관관계를 갖는다는 실증을 많이 찾아볼 수 있다.[23]

교육이 경제성장에 깊은 영향을 미치는 이유를 한 가지 더 지적하고자 한다. 교육은 사적 재화이나 양의 외부성externality

---

22 Angrist and Krueger, "Does Compulsory School Attendance Affect Schooling and Earnings?" *The Quarterly Journal of Economics*, 1991.

23 Mankiw, Romer, and Weil, "A Contribution to the Empirics of Economic Growth," *The Quarterly Journal of Economics*, 1992.

을 갖는다는 점에 유의해야 한다. 외부성은 어떤 재화의 소비나 생산이 다른 사람에게도 영향을 미칠 때를 일컫는다. 한 사람이 받은 교육 수준이 다른 사람에게도 혜택을 줄 수 있다. 교육을 많이 받으면 고액의 연봉 수령 등으로 당연히 노동자 자신은 이득을 얻는다. 그런데 추가적으로 다른 사람에게도 이득을 줄 수 있다. 다른 사람은 아무런 비용을 치르지 않고도 이득을 얻는다. 어떤 집단에 속한 구성원 한 사람의 지식수준은 다른 사람의 생산성에도 영향을 미친다. 팀을 이루어 같이 작업을 하는 경우에 다른 팀원과의 소통과 협력이 필요하다. 이때 한 사람이라도 인적자본 수준이 다른 사람에 비해 현저히 뒤지면 전체의 생산성이 하락할 수 있다. 예컨대, 팀원 중 한 사람이 이메일을 사용하는 능력이 없다고 하자. 다른 팀원도 그 사람과 같이 일하는 데에 상당히 힘이 들 것이다. 다른 사람의 생산성마저 떨어질 수 있다. 반대로 한 사람의 높은 인적자본은 다른 사람들의 생산성에 긍정적인 영향을 미칠 수 있다. 이때 다른 사람들은 스스로 비용을 지불하지 않고 이득을 보는 셈이다. 이런 교육의 외부효과 때문에 한 나라의 평균적인 교육 수준은 경제성장률과 깊은 관련성을 갖게 된다. 한 사람의 인적자본이 증가하면 다른 사람의 인적자본에도 긍정적 영향을 미치게 되므로 교육은 경제성장에 더 큰 영향을 미치게 된다.

인류 문명의 발전 과정에서 일반인의 문해율 상승이 세상을 바꾼 사례가 있다. 문해 능력은 글자를 읽고 이해하는 능력으로 인적자본의 기본 요소이다. 개신교의 전파와 더불어 국민의 보편적인 문해율의 향상이 영국에서 산업혁명이 발생한 결정적 이유의 하나이다. 기술 발전 이전에 영국 일반 국민의 인적자본이 상당히 축적되었기 때문에 산업혁명이 가능했다는 것이다.[24]

보통 '3R'이라고 부르는 기본 교육은 대단히 중요하다. 3R이란 영어 알파벳 R로 시작하는 세 가지 능력, 즉 읽기reading, 쓰기writing, 그리고 산수arithmetics를 의미한다. 많은 나라가 의무 교육제도를 통해 국민에게 기본 교육을 의무적으로 받게 한다. 국민의 기본적인 인적자본의 축적을 촉진하기 위해서이다. 교육의 외부성 때문에 기초 교육을 받지 못한 사람이 많으면 사회 전체의 생산성이 하락할 수 있다. 아마도 최근에는 디지털 지식이 기초 교육에 포함되어야 할 것 같다. 디지털 문맹이나 컴맹이라는 단어가 의미하듯이 디지털 기술에 대한 기초 소양이 없으면 생산 현장에서 제 역할을 다하기 어렵다. 인터넷, 스마트폰이나 PC를 사용하는 능력이 노동자의 중요한 인적자본의 요소가 되었으므로 디지털 지식 교육은 노동생산성에 상당한 영향을 미칠 것이다.

---

24 Galor, *The Journey of Humanity: The Origins of Wealth and Inequality*, 2022 (인류의 여정, 2022).

인적자본 수준이 높으면 같은 시간의 노동을 투입해도 더 많은 생산이 가능하다. 국가별 소득 수준의 차이가 인적자본 축적 수준의 차이와 연관이 깊다는 데에 경제학자들은 동의한다. 부자 국가의 노동자들이 평균적으로 보유한 인적자본이 가난한 국가의 노동자에 비해 크다는 것이다. 인적자본의 측정이 어려우므로 대부분의 실증은 평균 교육 기간이 높은 국가의 소득 수준이 높다는 점에서 확인된다.

자연자원

무엇인가를 생산하기 위해서는 당연히 원자재의 투입이 필요하다. 자연자원은 인간이 생산한 산출물이 아니라 자연으로부터 주어진 생산요소이다. 광물, 삼림자원, 수산자원 등이 좋은 예이다. 위치나 기후, 지형 등도 사실상 자연자원으로 볼 수 있다. 좋은 기후는 농산물 생산에 긍정적 영향을 미친다. 자연재해에 취약한 지역은 사실상 자연자원의 보유가 부족하다고 볼 수 있다. 지리 조건이 문명에 결정적 영향을 미쳤다는 주장의 대표 저작으로는 다이아몬드Diamond의 『총, 균, 쇠』를 들 수 있다.[25] 그는 유라시아 대륙이 다른 대륙보다 문명이 발달한 이유로 지형이 옆으로 길게 형성된 점을 들었다. 비슷한 위도에 걸쳐서 대륙이 형성되어 있어서 야생 짐승의 가축화나

---

25 Diamond, *Guns, Germs and Steel: The Fates of Human Society*, 1998 (총, 균, 쇠, 2005).

문명의 전파가 더 용이했다는 것이다. 아메리카처럼 남북으로 길게 형성되어 기후대가 다양한 지역에 비해 유라시아는 문명이 발전하는 데에 유리한 지리 환경을 갖추고 있다.

오늘날 대부분 부국의 위치는 온대 기후 지역에 집중되어 있다. 혹한 지역이나 열대 지역에 있는 국가 중에 소득 수준이 매우 높은 국가가 있는지 한번 찾아보라. 물론 예외로 볼 수 있는 북유럽 국가들, 스웨덴, 노르웨이, 핀란드 등은 한대 지역에 있지만 세계 최상위의 소득 수준을 자랑한다. 이 국가들은 제조업 강국이다. 한때는 세계 휴대폰 시장의 강자였던 핀란드의 노키아, 세계적인 자동차 메이커인 스웨덴의 볼보 등 유명 기업을 보유하고 있다. 북유럽 국가들은 기후에 특별히 영향을 받지 않는 산업의 육성으로 오늘날 부국으로 성장하였다. 그 외의 부국들은 대개 기후 조건이 양호한 지역에 위치하고 있다.

경제성장을 논할 때 경제학자들은 자연자원의 중요성을 그다지 강조하지 않는다. 아마도 농경사회를 벗어나 제조업이나 서비스업 위주의 산업구조로 탈바꿈해서 자연자원의 중요성이 낮아졌을 수도 있다. 한 가지 더 중요한 점을 지적하고자 한다. 경제성장은 국내총생산의 증가로 정의한다. 국내총생산은 국내 기업이 창출한 부가가치의 합이다. 자연자원은 생산과정에서 중간재로 간주되므로 국내총생산에 포함되는 부가가치와 무관하다. 물론 자연자원을 최종 재화로 생산하는 경우에는 부가가치 창출로 간주할 수 있다. 중동의 산유국은 원유를 최종 재화로 생산하므로 원유의 증산이 국내총생산의 증가를 의미한다. 그러나 한국처럼 석유를 중간재로 사용하는 경우에 석유 가치의 변화는 국내총생산에 직접 영향을 미치지 않는다. 그래서인지 경제성장 이론에서 자연자원의 중요성은 생각만큼 크게 강조되지 않는다.

오히려 풍부한 자연자원의 보유가 성장을 저해한다는 주장이 있다. '네덜란드 질병Dutch disease'이라고 부르는 현상이다. 1960년대 초엽에 네덜란드의 연안에서 다량의 천연가스가 발견되었다. 다들 경제가 좋아질 것이라고 환호성을 올렸지만 결과는 반대로 나타났다. 천연가스 수출만 늘어나고 제조업이 위축되어 성장에는 크게 도움이 되지 않았다. 이는 자연자원이 풍부하다고 해서 반드시 성장이 보장되지는 않는다는 사례로는 인용된다. 스페인은 1500년경에는 세계 최고의 부자 나라였다. 중남미의 식민지로부터 막대한 금과 은을 수탈해 갔다. 그러나 진정한 경제성장에는 실패했다.

풍부한 자원은 축복bless인가 아니면 저주curse인가. 사실 자연자원이 풍부한 국가들 중에 성장에 그다지 성공하지 못한 국가들이 많다. 자원 부국인 브라질이나 러시아가 세계 최고 수준의 소득을 창출하지는 못하고 있다.[26] 베네수엘라는 석유 매장량이 세계 1위라고 하나 현재 1인당 소득은 2,000달러에 불과하다. 물론 카타르나 쿠웨이트처럼 순전히 원유를 팔아서 높은 소득 수준을 유지하는 경우도 있다. 하지만 대다수의 중동 국가들은 석유가 안 나오는 이스라엘에 비해 소득 수준이 떨어진다. 앞으로 혹시라도 원유의 세계 수요가 크게 감소하면 그런 국가들의 미래가 어떻게 될지는 알 수 없다. 반대로 한국이나 일본처럼 자연자원 부존량이 매우 빈약한 나라들이 오히려 세계 최고 수준의 부국이 되었다.

4. 기술의 중요성

오늘날 내생성장이론endogenous growth theory 또는 신성장이론new growth theory이라고 불리는 지식체계는 1980년대에 등장한다. 워쉬Warsh는 로머나 루카스 등 내생성장이론 초기 주창자들의 연구 내용과 배경에 대해 매우 흥미로운 설명을 하고 있다.[27] 이들은 경제성장의 요인으로 기술의 중요성을 강조한다. 물론 솔로우의 모형에서도 기술 변화가 경제성장을 유발할 수 있다는 점은 함축적으로 시사한다. 자본축적만으로는 지속

26 2021년도 러시아의 1인당 소득은 11,000달러 정도이고, 브라질은 대략 7,700달러이다.

27 Warsh, *Knowledge and the Wealth of Nations*, 2007. (지식경제학 미스터리, 2008)

적인 성장 현상을 설명할 수 없고 결국은 기술 발전으로 생산성이 향상되어야 성장이 지속될 수 있다는 주장은 솔로우 모형에서도 충분히 유추가 가능하다. 그러나 기술 변화의 원인을 명시적으로 분석하지 못한 데에 한계가 있다. 마치 성경의 출애굽기에서 묘사되는 하늘에서 내리는 만나처럼 그저 외부적 요인에 의해 기술이 발전하면 그에 따라서 경제성장이 가능한 것처럼 설명한다. 솔로우 이론이 현대 경제성장 이론의 출발점이기는 하나 완벽하지 못한 이유가 거기에 있다.

신성장론을 주장하는 학자들은 기술 진보를 유발하는 요인까지 모형 내에 포함하여 완전한 성장이론을 구축하려고 하였다. 로머는 기술이나 지식이란 용어보다 아이디어라는 용어를 즐겨 사용하였다. 경제학자들은 기술, 지식, 기술지식, 아이디어 등의 용어를 거의 같은 의미로 사용한다.

기술지식은 경제 내에서 많은 사람에게 널리 알려져 있는 지식체계를 의미한다. 선진 기술지식을 채택하면 당연히 같은 크기의 노동과 자본을 투입해도 더 많은 생산이 가능하다. 기술 진보는 생산성 향상을 유발한다. 기술지식이 경제성장에 심대한 영향을 미치는 이유는 또 있다. 기술지식은 공공재public goods와 유사한 특성을 갖는다. 공공재는 사적 재화private goods와 달리 비경합성과 비배제성의 특성을 보인다. 비경합성non-rivalry은 다른 사람이 그 재화를 사용하더라도 나의 사용에 영향이 없다는 것이다. 사적 재화는 경합적이다. 사과를 예로 들어 보자. 다른 사람이 사과를 한 입 먹으면 내가 먹을 수 있는 양이 줄어든다. 다른 사람의 소비가 나의 소비에 영향을 미친다. 기술지식은 비경합적이다. 다른 사람이 그 기술지식을 생산에 활용하더라도 나 역시 그 기술지식을 온전히 사용할 수 있다. 피타고라스Pythagoras의 정리나 뉴튼Newton의 중력의 법칙과 같은 지식을 생각해 보라. 다른 사람이 그 정리나 법칙을 이용해서 생산 활동을 하고 있더라도 나 역시 그 지식을 생산에 활용할 수 있다.

로머가 자주 드는 예로 경구 수분 보충 처방이 있다. 개발도상국에서 수백만 명의 아동이 설사로 사망해 왔다. 주된 원인은 부모들이 설사를 하는 아이들에게 수분을 주입하지 않았기 때문이다. 물을 주지 않아야 설사를 안 한다고 잘못 알았던 것이다. 수분 보충 처방은 새로운 아이디어이다. 약간의 미네랄과 염분, 설탕을 물에 풀어서 먹임으로써 귀중한 생명을 구할 수 있다. 이 아이디어가 개발된 이후에 세계 어느 곳에서나 언제나 간단한 처방으로 수많은 어린이의 목숨을 구할 수 있게 되었다. 많은 사람들이 동시에 이 아이디어를 이용할 수 있다는 점에서 비경합적이다. 내가 그 아이디어를 활용한다고 하더라도 다른 사람이 활용하는 데에 아무런 지장이 없다.

재화의 또 다른 특성은 배제성excludability이다. 재화의 소유자가 다른 사람의 사용을 막을 수 있느냐의 문제이다. 사적 재화는 소유자만이 소비할 수 있다. 다른 사람의 사용을 배제할 수 있다. 내가 소유한 사과를 다른 사람은 먹지 못하게 배제할 수 있다. 공공재는 비배제적이다. 아까 예로 든 수분 보충 처방 지식을 다른 사람이 사용하지 못하게 배제할 수 없다. 모든 기술지식이 비경합적인 데 비해 배재성 여부는 지식의 특성에 따라 다를 수 있다. 특허 제도에 의해 기술지식의 사용이 철저히 보호되는 경우에는 배제성이 있다.[28] 예를 들어 코카콜라의 최종 원료 배합 방법은 극비로 보호되고 있다. 세계 각국의 코카콜라 공장에서 그 지식이 활용된다는 점에서 비경합적이지만 이에 대한 대가를 지불하지 않으면 그 누구도 사용할 수 없다는 점에서는 배제적이다. 지금은 특허권이 만료되었지만 비아그라의 제조법도 철저하게 배재적이었다. 최신 첨단산업의 핵심 기술지식은 배재적인 경우가 많을 것이다. 그러나 그런 지식도 비경합적이라는 점에서 공공재와 유사하다. 앞에서 예로 든 수학 공식이나 자연과학의 지식, 경제이론 등 기초 지식은 비경합적이며 사실상 배제성이 없다. 모든 기술지식을 순수한 의미의 공공재라고 볼 수는 없다. 배제성이 있는 경우가 많기 때문이다. 공공재와 유사한 점은 비경합적인 특성을 갖고

28 비경합적이나 배제적인 재화를 클럽재(club goods)라고 부르기도 한다. 특정 자격 있는 사람들만 그 기술을 사용할 수 있다는 점에서 보면 회원제 골프장이나 헬스클럽과 유사하다. 다만 기술지식을 클럽에 비유하면 오히려 혼동이 올 수 있어서 본서에서는 그 용어를 사용하지 않았다.

있다는 것이다. 여기서 인적자본과 기술지식의 차이를 알 수 있다. 인적자본은 노동자에게 체화된 정보, 스킬 또는 노하우로서 경합적이며 배재적인 사적 재화라고 볼 수 있다.

일반적으로 공공재는 양의 외부성을 갖는다. 공공재를 생산하면 다른 사람들은 스스로 비용을 들이지 않아도 사용이 가능하다. 어두운 골목길에 누군가 가로등을 설치했다고 하자. 그 길을 다니는 사람들은 아무런 비용을 치르지 않고 가로등 불빛의 혜택을 누릴 수 있다. 소위 무임승차가 가능하다. 공공재 생산에 국가의 지원이 필요한 이유가 바로 거기에 있다. 시장에서는 충분히 생산되지 않으므로 국가가 스스로 생산하거나 민간에게 보조금을 지급하여 공공재를 생산하도록 유인을 제공해야 한다.

지식이나 기술도 양의 외부성을 갖는다. 뉴튼이 자주 말했다고 하는 "나는 거인의 어깨 위에 서 있어서 더 많이, 더 멀리 볼 수 있었다."라는 명언이 있다. 일단 하나의 지식이 생산되면 그 지식을 토대로 새로운 지식을 쉽게 생산할 수 있다. 앞에서 예로 들었던 '자본의 수확체감 법칙'이라는 지식 위에서 '수렴 정리'라는 새로운 지식이 창출되었다. 지식이 비배제적이면 특별히 비용을 따로 지불하지 않고 기존 지식을 활용하여 새로운 지식을 창출할 수 있다. 지식은 새로운 지식을 낳게 한다. 따라서 축적된 지식 저량이 많을수록 더 많은 지식이 창출

된다. 그것이 지속적인 성장의 원천이 된다. 지식이 많이 축적된 경제는 더욱 성장할 가능성이 있다.

애로우Arrow는 현장학습leaning-by-doing의 중요성을 일찍이 강조하였다.[29] 항공산업을 관측해 보니 생산량이 많아질수록 생산성이 더욱 향상된다는 주장이다. 특별한 기술지식이 개발되지 않아도 생산량이 증가하면 그 부수 효과로 지식이 축적된다는 것이다. 이는 기술지식이 지속적인 성장을 유발하는 또 하나의 이유이다.

1986년에 발표한 로머의 논문은 경제성장 연구에 있어서 지식의 중요성을 일깨우는 분수령이 되었다.[30] 로머는 아이디어의 외부성, 그에 따른 규모에 대한 수익 체증increasing returns to scale 현상 및 아이디어의 스필오버spill-over 효과를 토대로 지속적인 성장이 가능함을 입증한다. 로머의 주장을 인적자본에 적용한 루카스의 연구도 그 뒤를 잇게 된다.[31] 로머는 1990년에 후속 연구를 발표하는데, 전작과 달리 세분화된 부분 모형을 채택하여 자신의 주장을 더욱 발전시킨다.[32] 아이디어가 투입

---

29 Arrow, "The Economic Implications of Learning by Doing," *Review of Economic Studies*, 1962.

30 Romer, "Increasing Returns and Long-run Growth," *Journal of Political Economy*, 1986.

31 Lucas, "On the Mechanics of Economic Development," Journal of Monetary Economics, 1988.

생산요소에 반영되어 생산을 증가시킨다는 모형이고, 독점에 따른 초과 이윤이 아이디어 개발의 유인으로 작용한다는 점을 명확히 밝힌다. 아기옹Aghion과 호위트Howitt, 그리고 그로스만Grossman과 헬프만Helpman은 '품질 사다리quality ladder'라는 개념을 도입하여 높은 품질의 기술과 낮은 품질의 기술 차이가 경제성장에 미치는 영향을 분석한다.[33] 혁신innovation에 의해 양질의 기술이 채택되면 낮은 품질의 기술은 파괴된다. 슘페터Schumpeter가 말하는 소위 '창조적 파괴creative destruction'가 발생한다.

유통업에서 나타난 창조적 파괴를 하나의 예로 들어 보자. 요새 주택가에서는 소규모 상점들을 거의 볼 수 없다. 과거에는 온갖 생활용품을 판매하는 조그만 가게들이 도처에 있었지만 이제는 편의점 정도만 남아 있다. 소위 유통업에 창조적 파괴가 발생한 것이다. 제조품들은 대형 마트에서 구매하는 식으로 소비 패턴이 달라졌다. 물론 아직도 세탁업소, 제과점, 미용실 등은 남아 있지만 잡화상은 거의 소멸했다. 그 결과 유통 서비스의 생산이 보다 효율적으로 이루어지고 소비자들이 누리는 후생도 높아졌다. 다만 그 과정에서 영세한 구멍가게들이

---

32 Romer, "Endogenous Technological Change," *Journal of Political Economy*, 1990.

33 Aghion and Howitt, "A Model of Growth through Creative Destruction," *Economerica*, 1992. Grossman and Helpman, "Quality Ladders in the Theory of Growth," *Review of Economic Studies*, 1991.

소멸하는 아픔이 있었다. 창조를 위해 파괴가 수반된 것이다. 신기술이 채택되면 구기술은 소멸한다.

기술지식은 노동시간처럼 한번 쓰면 없어지는 것이 아니다. 마치 물적자본처럼 기술지식 총량은 계속해서 생산에 영향을 미친다. '지식 자본knowledge capital'이라는 표현을 사용해도 틀리지 않는다. 자본이 감가상각되는 것처럼 구 지식은 소멸한다. 기술지식 저량을 증가시키기 위해서는 연구개발R&D 투자가 필요하다. 기술지식의 외부성 때문에 민간 시장에서는 기술지식이 충분히 생산되지 않을 가능성이 있다. 다른 사람이 비용을 들여서 기술을 개발하면 자기도 그 혜택을 볼 수 있으므로 스스로 기술을 개발할 유인이 떨어진다. 대다수의 국가에서 기초과학 연구에 대해 정부가 직접 투자하거나 민간에게 보조금을 지급하는 데에는 다 이유가 있다. 과학자나 발명자에게 연구 개발의 유인을 제공하는 정책이 시행된다. 특허권 제도도 지식 개발자에게 유인으로 작동한다. 개발자는 기술 개발에 성공했을 때 얻을 수 있는 독점 이득을 얻기 위해 기술 개발에 노력한다.

경제성장을 촉진하기 위해서 기술지식은 반드시 생산성 향상에 연결되어야 한다. 보몰Baumol은 발명invention과 혁신innovation을 구별한다. 발명은 그저 새로운 것의 개발을 의미한다. 혁신은 새로운 것을 발명하여 상업화하는 것까지를 포함한다. 경제성장에 중요한 것은 혁신이다. 중세 시대에는 이슬람 문명의 과학 수준이 유럽을 능가하였다. 그러나 과학의 실용화와 상업화까지 이르지는 못했다. 발명을 넘어 혁신까지 이루지 못했다. 오늘날 유럽 국가가 이슬람 국가보다 더 잘 살게 된 것은 혁신에 성공했기 때문이다.

1인당 소득은 1인당 물적자본의 영향을 받는다. 그러나 지식은 비경합적인 특성을 갖고 있으므로 물적자본과 달리 1인당 지식이 아니라 지식 총량이 1인당 소득을 결정한다. 인구대국이 경제성장에 유리한 이유가 거기에 있다. 인구가 많으면 발명가나 과학자 수가 많으므로 지식 총량이 더 많을 가능성이 크다.

기술지식 수준이 경제성장에 영향을 미칠 것이라는 점은 분명하다. 그러나 실증을 찾는 것은 또 다른 문제이다. 한 국가가 보유한 기술지식의 양이나 질을 정량화하는 것은 쉽지 않다. 연구 개발 투자지출이 많으면 지식 저량이 크다고 가정할 수 있다. 또는 특허의 수나 질을 지식 저량의 대용 변수로 사용할 수 있다. 아기옹Aghion, 앙토냉Antonin, 그리고 뷔넬Bunel은 1900년부터 2000년까지 미국의 주state별 자료를 이용한 연구를 인용하였다.[34] 각 주에서 출원한 특허 수와 1인당 총생산

---

34 Aghion, Antonin, and Bunel, *The Power of Creative Destruction: Economic Upheaval and the Wealth of Nations*, 2021 (창조적 파괴의 힘, 2022).

증가율 사이에 정비례 관계가 관측된다. 중요한 기술 혁신이 미국경제의 성장에 박차를 가한 구체적인 사례는 고든Gordon의 저작에서 찾을 수 있다.[35] 19세기 후반에 전기, 전화, 축음기 등 위대한 발명이 집중적으로 나타나 20세기의 경제성장을 선도하였다. 고든은 20세기 초반의 자동차, 비행기, 진공관 등, 전쟁 후 반도체, 핵융합 기술 등, 그리고 1970년대 이후 PC, 이메일, 인터넷 등 혁신의 물결이 미국의 100여 년간 경제성장을 견인했음을 상세히 설명하고 있다.

5. 효율성

경제성장은 생산의 증가를 의미한다. 이는 생산요소 투입의 증가에 의한 성장, 소위 양적 성장과 생산성 향상에 따른 성장인 질적 성장으로 구분할 수 있다. 생산성은 노동이나 자본과 같은 생산요소 한 단위 증가에 따른 생산량의 증가를 의미한다. 생산성이 높은 경제는 동일한 크기의 노동과 자본으로 더 많은 양을 생산할 수 있다. 한 경제의 생산성은 기술 수준에 달려 있다. 기술이 발달하면 당연히 동일한 크기의 생산요소를 투입하더라도 생산량이 증가할 것이다. 기술 수준이 높은 나라

35 Gordon, *The Rise and Fall of American Growth: The U.S. Standard of Living Since the Civil War*, 2016 (미국의 성장은 끝났는가, 2017).

는 같은 노동시간과 같은 수의 기계를 투입하더라도 더 많은 생산이 가능할 것이다. 기술지식은 비경합성이라는 특성을 갖고 있다. 많은 사람이 동시에 이용할 수 있다. 그러면 가난한 나라도 이론적으로는 동일한 선진기술의 활용이 가능하다. 여기서 한 가지 의문이 생긴다. 왜 부국과 빈국 사이의 소득 차이가 좁혀지지 않는가. 빈국도 부국으로부터 기술을 수입해 생산에 활용하면 쉽게 소득을 증가시킬 수 있을 텐데 왜 현실은 그렇지 못한가. 물론 핵심 기술은 보호되고 있으므로 수입이 쉽지 않을 것이다. 그렇지만 웬만한 기술은 배워 올 수 있을 텐데 왜 가난에서 쉽게 벗어나지 못하는가.

이 질문에 대한 해답은 모든 기술이 현실에서 완벽하게 구현되지는 않는다는 데에 있다. 효율성efficiency은 한 경제가 최고의 기술을 실제로 구현하는 정도를 나타낸다. 효율성이 높은 경제에서는 최고의 기술이 완벽하게 가동된다. 당연히 생산성이 높을 수밖에 없다. 그러나 어떤 이유에서든지 효율성이 낮은 경제는 최고의 기술이 주는 혜택을 완전히 실현하지 못한다. 비효율적인 경제는 아무리 첨단기술을 전수해 줘도 생산수준을 높이지 못하고 성장률도 낮을 것이다. 국가 간 소득 차이를 결정하는 요인으로 효율성의 차이는 매우 의미심장하다. 단순히 물적자본의 축적이나 선진 기술의 도입만으로는 경제성장이 불가능하다는 점을 시사한다. 여기서 우리는 경제의 효율성이 증진되어야만 비로소 성장이 가능하다는 무서운 진실을 마주하게 된다.

그러면 효율성에 영향을 미치는 요인은 무엇인가? 효율성을 결정하는 요인은 다양하다. 이에 관해 많은 연구가 있다. 경제체제, 정치제도와 안정성, 법 제도, 투명성이나 부정부패 정도, 개방도, 금융발달 수준, 정부의 역할, 기업가정신, 문화 등 다양한 요인이 한 국가의 효율성에 영향을 미친다. 성장의 원천에 대해 경제학자들의 시각은 변해 왔다. 솔로우는 물적자본의 축적을 중시했고, 로머와 루카스는 지식과 인적자본의 외부효과를 강조했다. 최근에는 경제성장의 마지막 퍼즐로 경제의 효율성에 주목하는 경향이 뚜렷하다.

가장 먼저 생각할 수 있는 효율성의 결정 요인은 경제체제economic system이다. 아세모글루Acemoglu와 로빈슨Robinson은 『왜 국가가 실패하느냐』라는 다소 도발적인 제목의 책에서 경제 제도가 경제성장의 가장 중요한 결정 요인이라고 강력히 설파한다.[36] 미국의 아리조나주와 멕시코 사이의 국경을 가운데에 두고 노갈레스Nogales라는 도시가 있다. 책에 소개된 사진은 충격적이다. 미국 쪽 광경과 멕시코 쪽 광경은 확연하게 다르다. 미국 쪽에 사는 시민들의 복지 수준과 멕시코 쪽에 사는 사람들의 삶은 사뭇 다르다. 양쪽 주민들 사이에 특별한 차이

---

36 Acemoglu and Robinson, *Why Nations Fail: The Origins of Power, Prosperity, and Poverty*, 2012 (국가는 왜 실패하는가, 2012).

가 있을 리는 없다. 결국은 제도의 차이가 사람들의 삶을 결정한다.

제도 중 가장 중요한 것은 경제체제이다. 경제체제를 단순화해서 자본주의 체제와 사회주의 체제로 구분해 보자. 남한과 북한은 해방 후 비슷한 조건에서 출발하였으나 지금은 소득 차이가 40배에 달한다. 남북한 경제력 차이의 결정적 원인은 경제체제의 차이에 있다. 책에 소개된 한반도의 야경 지도 한 장이 모든 것을 말해주는 듯하다. 남한은 서울 등 수도권은 물론이고 거의 전국이 밝게 빛나는 데에 비해, 겨우 평양 인근을 빼고는 전 지역이 어두컴컴한 북한의 야경은 충격적이다. 이 사진 한 장보다 체제 간 소득 차이를 극명하게 보여 주는 증거도 드물다. 경제체제의 중요성을 극적으로 보여 준 또 다른 사례로 베네수엘라를 들 수 있다. 베네수엘라는 1950년에는 1인당 국민소득이 세계 4위로 최고 부자 국가였다. 남미에서는 물론이고 유럽의 웬만한 국가보다도 소득이 높았다. 석유 매장량이 전 세계 1위일 정도로 풍부한 자원을 가진 축복받은 나라가 오늘날 몰락한 이유가 무엇일까. 1975년에 석유 국유화 조처 등 사회주의 체제를 도입한 것이 가장 큰 이유라고 한다. 포퓰리즘populism에 휩싸여 과도한 사회복지 지출, 가격 통제, 외환 통제, 국유화 등을 남발한 결과 지금은 세계에서 가장 가난한 나라 중 하나로 전락하였다. 경제체제의 중요성을 확실하게 깨닫게 해 주는 사례이다.

자본주의 체제가 사회주의 체제보다 경제성장에 성공하는 이유는 무엇일까. 자본주의 체제에서는 소유권이 명확하게 규정된다. 특히 소유권이 대부분 민간에 귀속되어 있다. 개인은 자신의 재산을 지키고 증식시키려는 강한 유인을 갖게 된다. 확고한 소유권 제도는 경제성장의 원천이다. 데소토De Soto는 필리핀 등 저개발국에서 자본의 소유권이 확립되지 않아 경제성장의 어려움을 겪고 있다는 점을 설파한다.[37] 성장을 촉진하기 위해 재산권 체제를 정비 확립하는 것이 우선되어야 한다는 주장이다. 또한 자본주의 체제는 개인 간 자유로운 교환을 허용한다. 극히 일부를 제외하고 대부분의 재화 서비스는 시장에서 자유롭게 교환된다. 시장에 참여하는 사람들은 최고의 기술을 채택하여 이익을 추구하려고 하며 사람들은 최대한 낮은 가격으로 상품을 구매하려고 한다. 시장경제 체제에서 생산성이 극대화될 수 있다.

반면에, 사회주의 경제체제는 중앙집권적인 방식으로 자원이 배분된다. 구 소련과 같은 공산주의 체제에서 계획과 통제가 가해진 것은 잘 알려진 사실이다. 실제로 수많은 재화와 서비스를 수많은 사람들이 생산하고 있는 경제에서 누가 얼마나 생산해야 할지를 중앙 당국이 일일이 지시하는 것은 불가능하다. 일찍이 미제스von Mises는 '경제 계산'의 어려움을 들어 사

37 De Soto, *The Mistery of Capital*, 2000 (자본의 미스터리, 2022).

회주의 경제체제가 비효율적일 수밖에 없다고 주장한 바 있다. 하이에크Hayek는 자본주의 체제의 가격기구price mechanism를 발견discovery의 과정으로 이해하였다. 시장가격의 변동은 누가 무엇을 얼마나 필요한지를 알아가는 과정이다. 가격이 상승하면 사람들은 재화에 대한 수요를 줄이고 공급을 늘린다. 중앙 당국의 지시가 없어도 시장에 참여하는 사람들이 자발적으로 결정하는 것이다. 시장경제체제에서는 자원의 낭비나 부족함 없이 효율적인 배분이 달성된다.

소비에트 경제의 비극은 잘 알려져 있다. 스탈린Stalin 시절에 추진한 농업 집단화 정책으로 우크라이나 등지에서 550만에서 1,000만 명 정도가 굶어 죽었다. 2차 세계대전 이후 시행한 경제계획이 일시적으로 성공한 듯 보였으나 결국에 실패하였다. 소비에트 경제는 석유와 천연가스 수출에만 의존하다가 1980년대 말에 들어서 붕괴하였다. 마오쩌둥Mao 시절 중국에서도 대약진운동이라는 경제계획을 추진했으나 수천만 명의 아사자를 낳는 것으로 끝났다. 1978년 말 덩샤오핑Deng이 개혁과 개방의 기치 아래 자본주의적 요소를 도입한 이후에야 비로소 중국인들은 빈곤을 탈피할 수 있었다.

사실상, 현재 지구상의 많은 국가 중에 완전한 사회주의 경제체제를 채택하고 있는 경우는 없다. 사회주의 국가를 표방하고 있는 중국도 자본주의적 요소를 많이 도입하였다. 심지어 북한도 장마당 등에서 시장 기능이 부분적으로 묵인되고 있다. 그러나 본질적으로 사회주의 체제인 것은 틀림없다. 북한의 성장률은 거의 0에 가깝다. 중국은 현재는 높은 성장률을 보이고 있지만 앞으로 얼마나 성장이 지속될지는 지켜봐야 한다. 현재 사회주의 경제체제의 요소가 강한 국가 중에서 선진국 수준으로 소득이 높은 나라는 없다고 봐야 한다.

자본주의 시장경제가 제대로 작동하려면 법 제도가 뒷받침되어야 한다. 특히 재산권의 확립과 시장경제가 제대로 작동하는 데에 필요한 법 제도의 확립이 필수적이다. 산업혁명 후 영국의 지속적 성장 이면에는 1688년에 발생한 명예혁명과 권리장전 등 오랜 기간 서서히 발전해 온 법치rule of law의 전통이 큰 영향을 미쳤다.

정치체제political system도 경제성장에 영향을 미친다. 경제체제는 자원의 배분 방식을 결정하고 정치체제는 권력의 배분 방식을 결정한다. 지구상에 존재하는 다양한 정치체제를 단순화하여 민주체제democratic system와 권위체제authoritarian system로 구분해 보자. 민주체제 하에서는 선거 제도를 통해 다수의 의견이 반영되나 권위체제에서는 1인이나 특정 집단이 독단적으로 의사결정을 행사한다. 물론 실제로는 양 체제가 적절하게 혼합된 경우도 많다. 왜 민주적 정치체제를 채택한 국가가 더 잘 사는가. 무엇보다도 정치체제가 민주적이면 시장경제를 중시할 가능성이 높다. 시장 참여자들의 자유 경쟁을 통해 생산성 향상이 가능하다. 개인이 자유롭게 창의성을 발휘할 수 있으므로 혁신에 유리하다. 민주적 정치체제 아래서는 견제와 균형check and balance의 기제가 작동하므로 독점이나 독단이 어려워진다. 투명한 사회가 될 가능성이 크므로 부정부패도 줄어들 수 있다. 이 논리에 대한 반론으로 아시아의 국가들, 또 최근의 중국 등이 권위적인 체제임에도 불구하고 성장에 성공했다는 점을 지적한다. 또한 인도는 오랫동안 민주적 정치체제를 유지해 왔으나 성장에 그다지 성공하지 못했다는 점도 반증으로 거론된다. 권위적 체제는 자원의 효율적 사용에 유리하고 개혁의 반대 세력을 무력화하는 데에도 효과적이므로 초기 경제개발에 유리하다는 주장이다. 그러나 소수의 예외가 있지만 남미나 아프리카 대다수의 독재 국가들이 성장에 성공하지 못하고 있다는 사실을 간과해서는 안 된다.

경제성장과 정치체제 사이의 인과관계는 불분명하다. 민주주의 체제가 경제성장을 촉진하는지, 아니면 경제가 성장하면 민주화가 되는지의 인과관계가 명확하지 않다. 근대화 이론modernization theory은 경제성장에 성공하면 자연히 민주주의 체제가 채택된다는 주장이다. 경제성장이 민주화를 가져온다고 인과성을 해석한다. 인과성이 일방적이지 않고 쌍방적이라고 해도 중요한 사실은 오늘날 부유한 나라는 거의 예외 없이 민주적 정치체제를 채택하고 있다는 것이다. 러시아, 중국, 쿠바,

북한 그리고 중동의 이슬람 국가 등 권위적 정치체제를 채택한 나라 중 소득 수준이 아주 높은 경우는 드물다. 동아시아 국가들도 산업화가 진행되는 과정에서 모두 다 민주 국가로 탈바꿈했다. 경제가 성숙한 단계에서는 민주적 정치체제가 성장에 더 유리한 환경을 제공하는 것은 분명하다.

민주정치가 제대로 작동하려면 법치rule of law가 반드시 수반되어야 한다. 민주주의를 지탱하는 가장 큰 원칙은 다수결의 원칙이다. 그러나 그리스 시대부터 많은 지식인들은 민주주의가 '다수의 횡포tyranny of majority'라는 함정에 빠질 가능성에 대해 우려해 왔다. 모든 사안을 주민들의 직접 투표로 결정할 수도 없고, 사람들의 의사는 언제든지 변할 수도 있다. 지금은 A 정책이 옳다고 생각하지만 시간이 흐르면 B 정책이 옳다고 사람들의 생각이 바뀔 수 있다. 대중영합주의, 즉 포퓰리즘이 횡행하는 경제에서는 장기적으로 옳은 방향의 정책이 선택되기 어렵다. 그때그때 대중의 의사에 따라 휘둘리는 것보다 헌법 등 법체계가 엄격하게 확립되어 있는 입헌 민주주의체제constitutional democracy가 경제성장에 더 유리하다.

리기본Rigibon과 로드릭Rodrik은 법의 지배를 따르는 국가의 경제성장률이 더 높다는 실증을 발표하였다.[38] 민주주의와 법

38 Rigibon and Rodrik, "Rule of law, democracy, openness, and income: Estimating the interrelationships," *Economics of Transition and Institutional*

치 둘 다 경제성장에 긍정적이지만 법치가 더 큰 영향을 미친다. 또한 민주체제와 법치는 상호 보완하며 발전한다는 점도 지적하였다. 법 제도가 경제성장에 큰 영향을 미친다는 주장을 실제 검증하기 위해 로머는 전세 도시charter city 방식을 도입하자고 주장한다. 개발도상국 내의 한 도시를 특별 지구로 지정하여 선진화된 법 제도를 한번 실험해 보자는 것이다. 한 국가의 법 제도를 한꺼번에 바꾸기는 어렵다. 작은 면적의 도시에 먼저 시도해 보고 성과가 좋으면 전국에 확대하자는 생각이다. 홍콩이 좋은 사례이다. 홍콩은 중국 본토와 다르게 일찍이 시장경제체제를 도입하여 경제성장에 성공하였다. 물론 중국이 홍콩의 법 제도를 전국에 확대 시행할 것 같지는 않다. 그 이후에도 마다가스카르, 온두라스, 파푸아 뉴기니 등이 이 아이디어를 도입하려고 했으나 정치적 이유로 다 무산되었다. 로머의 주장은 좀 엉뚱해 보이기도 하지만 법 제도의 확립이 경제성장의 관건이며, 법 제도의 개혁이 얼마나 어려운가를 역설적으로 보여 준다.

부정부패 정도가 경제 효율성과 관련된다는 주장 역시 귀담아들어야 한다. 자원 배분이 엄격한 법 제도 아래에서 이루어지지 않고 임의적으로 이루어지면 경제가 성장하기 어렵다. 부정부패가 심각한 정치체제를 도둑체제kleptocracy라고 부르기도

Change, 2005.

한다. 대표적인 사례로 짐바브웨의 무가베Mugabe 대통령 시절을 들 수 있다. 그는 독재와 부정부패를 남발한 결과 기록적인 초인플레이션으로 경제를 파탄에 빠지게 하였다. 푸틴Putin 치하의 러시아에 만연한 부정부패 역시 경제성장의 발목을 잡고 있다.

체제의 안정성도 경제의 효율성에 영향을 미치게 된다. 정치적 소요가 많거나 쿠데타, 암살 등이 난무하면 재산권의 안전이 보장되기 어렵다. 시장거래도 위축될 것이 분명하다. 외국으로부터 자본 유입이나 해외직접투자의 유치도 어렵다. 외국인 투자자의 입장에서 보면 수익의 안전성이 보장되지 않기 때문이다. 아프리카나 남미의 많은 나라들이 경제성장에 실패하는 원인 중 하나는 정치적 불안정이다.

자원 배분의 기준으로 연고가 중시되는 정실주의cronyism와 능력이 중시되는 능력주의meritocracy 중 어느 쪽이 경제성장에 더 유리할까. 학연, 지연, 혈연 등 연고를 중시하는 경제의 효율성이 높다고 보기는 어렵다. 능력을 정확하게 평가하기 어렵다는 점, 능력의 배양에도 환경이 영향을 미치므로 공정하지 못하다는 점 등을 들어 능력주의를 반대하는 주장도 더러 있다.[39] 아무리 그래도 정실보다는 능력이 지배하는 경제가 더

---

39 McNamee and Miller, *The Meritocracy Myth*, 2013 (능력주의는 허구다, 2015).

효율적이라는 점은 부인하기 어렵다.

경제의 개방도openness 역시 효율성을 결정하는 요인이다. 외국과 상품 교역을 활발히 하며 금융자본의 자유로운 유출입을 허용하는 국가가 성장에 유리한 이유는 다양하다. 개방을 해야 선진국으로부터 새로운 기술과 경영기법을 배울 수 있다. 또한 폐쇄 경제보다는 개방 경제에서 경쟁이 심화된다. 경쟁의 범위가 국내에 한정되지 않고 외국에까지 확장된다. 경쟁이 생산성 향상의 원동력이 됨은 당연하다. 수출입을 통해 시장을 확대하는 효과도 기대할 수 있다. 규모의 경제economies of scale가 주는 이점을 누리기 위해서는 시장의 규모가 커야 한다. 규모의 경제는 생산량이 증가하면 평균비용이 하락하는 현상을 말한다. 시장 규모가 커지면 기업 생산의 효율성이 높아진다. 영국에서 산업혁명이 최초로 발생한 이유 중 하나로 소비자 혁명consumer revolution을 들기도 한다. 1700년대부터 소비층이 커져 영국의 시장 규모가 확대되었기 때문에 산업혁명이 가능했다고 보는 견해가 있다.[40] 시장 규모가 클수록 경제성장에 유리하다. 특히 소국의 경우에는 내수의 한계 때문에 반드시 해외 시장을 개척해야 대량 생산의 이점을 누릴 수 있다.

개방을 통해 경제성장에 성공한 경우로 흔히 아시아의 4마

---

40 Koyama and Rubin, *How the World Became Rich: The Historical Origins of Economic Growth*, 2022 (부의 빅 히스토리, 2023).

리 용four dragons을 꼽는다. 한국 외에 홍콩, 타이완, 싱가포르 모두 개방정책을 앞세워 경제성장에 성공하였다. 그 이전에 일본이나 독일의 성장도 마찬가지이다. 세계대전의 패전국이었음에도 불구하고 빠르게 복구하며 미국을 압박할 정도로 성장하게 된 배경은 수출입이었다. 오늘날 중국, 인도 등 신흥국들의 빠른 경제성장 역시 개방을 통해 가능했다. 개방을 통하지 않고 성장한 사례는 찾기 어렵다. 중국 등 동양 문명이 서양에 뒤지게 된 이유를 명나라 때 정화 제독의 해외 원정을 금지한 탓으로 보기도 한다.[41] 중국의 폐쇄정책이 더 이상의 발전을 저해했다는 것이다. 아마도 전 세계에서 가장 폐쇄적인 나라는 북한일 것이다. 북한의 소득 수준이 낮은 데에는 다 이유가 있다. 개방하지 않고 성장한 국가는 사실상 없다.

다음으로 경제 효율성에 영향을 미치는 요인으로 금융발달financial development을 들 수 있다. 오늘날 금융이 경제에 미치는 심대한 영향을 부정하기는 어렵다. 금융산업의 부가가치는 GDP의 8퍼센트 정도로 그다지 크지 않지만 금융이 다른 산업에 미치는 영향이 매우 크다는 점을 알아야 한다. 르바인Levine에 따르면, 금융발달은 자본 축적과 기술 발전에 중요한 역할을 한다.[42] 금융의 역할은 대략 다섯 가지로 요약할 수 있다.

---

41 Landes, *The Wealth and Poverty of Nations: Why Some Are So Rich and Some So Poor*, 1998 (국가의 부와 빈곤, 2009).

42 Levine, "Financial Development and Economic Growth: Views and

금융의 첫 번째 역할은 저축과 투자를 증가시키는 데에 있다. 금융이 존재하지 않는다면 개인은 소득 중 소비하고 남은 것을 스스로 저축하여 나중에 사용할 수밖에 없다. 금융기관과 금융수단이 존재하면 사람들은 더욱더 저축을 많이 하게 되므로 성장에 긍정적인 효과가 있을 것이다. 둘째, 금융은 희소한 자금을 효율적으로 배분하는 역할을 한다. 자금을 가장 생산적으로 활용할 수 있는 대상을 찾아 자금을 공급한다. 금융이 제대로 작동하면 자금 배분의 효율성이 커진다. 셋째, 금융은 위험 관리의 수단을 제공한다. 경제활동은 늘 불확실한 세계에서 이루어진다. 위험을 잘 관리할 수 있으면 경제활동이 촉진된다. 넷째, 금융은 기업 경영을 효율화하는 데에도 기여한다. 주식가격 변동을 통해 주식회사의 경영 성과는 실시간으로 평가된다. 금융은 주식회사에서 흔히 발생하는 주인-대리인 문제를 완화하는 데에도 도움이 된다.[43] 마지막으로 무엇보다도 금융은 교환을 활성화하는 역할을 한다. 화폐, 어음, 수표 등 금융수단을 이용하면 거래가 순조롭게 이루어질 수 있다. 금융발달 수준은 금융이 이 다섯 가지 역할을 충실히 수행하는 정도를 의미한다. 금융이 발달하면 기술이 발전하고 자본이 축적되어 경제성장이 촉진된다.

Agenda," *Journal of Economic Literature*, 1997.

43 주인-대리인 문제는 기업의 대리인인 경영자가 주인인 주주의 이익을 극대화하지 않고 자신의 이익을 극대화할 가능성을 말한다.

한 국가의 금융발달 정도는 금융연관비율financial interrelation ratio로 측정한다. 금융연관비율은 경제 내 금융자산의 총가치와 국내총생산의 비율로 정의한다. 실물 부문에 비해 금융 부문이 상대적으로 커지면 금융연관비율은 상승한다. 이는 금융의 양적 발달 정도를 측정하는 변수이다. 킹King과 르바인 등 국내외의 많은 연구에서 초기 금융연관비율이 높은 국가의 성장률이 높다는 실증이 발견되었다.[44] 금융이 발달할수록 경제성장률이 높아진다는 것이다.

그러나 최근에는 지나친 금융 공급too much finance이 오히려 성장을 저해할 가능성에 대한 우려가 커지고 있다. 2008년에 미국 등 선진국에서 발생한 금융위기는 금융이 성장에 미치는 긍정 효과에 대해 의구심을 갖게 하는 데에 충분했다. 금융이 팽창함에 따라 경제성장률이 계속 높아질 수는 없다. 금융발달이 어느 수준 이상, 즉 문턱점 이상으로 높아지면 성장률이 오히려 떨어지는 경우가 있다. 보몰Baumol이 지적했듯이 한 국가의 재능 있는 인력이 지나치게 금융업에 쏠림으로써 재능 배분의 왜곡이 발생할 수 있기 때문이다.[45] 재능 배분의 효율성은 경제성장에 영향을 미친다. 금융업의 평균 보수는 타 산업

---

44 King and Levine, "Finance and Growth: Schumpeter Might be Right," *The Quarterly Journal of Economics*, 1993.

45 Baumol, "Entrepreneurship: Productive, Unproductive, and Destructive," *Journal of Political Economy*, 1990.

에 비해 높다. 금융산업은 독점화될 가능성이 높으므로 타 업종에 비해 임금이 더 높다. 당연히 재능 있는 사람들이 금융업에 집중되게 되므로 다른 산업은 상대적으로 낙후되기 마련이다. 특히 금융업은 위기가 발생하더라도 전적으로 책임지지 않기 때문에 지나치게 위험을 감수하는 투자를 결행할 수 있다. 금융위기를 회복하는 과정에서 공적 자금이 투입되고 금융기관 관련자들은 거의 책임지지 않는 경우가 대부분이다. 따라서 금융은 고수익 고위험 사업을 지나치게 추구하는 경향이 있다. 금융의 본질인 자금 중개보다 자산 거래에 의한 차익을 추구하는 경향이 심해진다. 결국 금융의 양적 팽창이 경제의 성장에 반드시 긍정적이지 않을 수 있다는 주장이 제기된다. 그러나 적절한 수준의 금융발달이 경제성장에 긍정적임은 분명하다. 다만 금융발달과 경제성장 사이의 인과성은 명확하지 않다. 어쩌면 경제가 성장함에 따라 금융업이 커지는 반대 방향의 인과 관계가 작용할 수도 있다. 인과성은 불명확하지만 잘사는 나라치고 금융이 낙후된 경우는 없다고 보면 틀림없다. 금융이 제대로 기능을 하게 되면 경제 효율성이 높아지기 때문이다.

기업가정신entrepreneurship이야말로 한 경제의 효율성을 높이는 데에 결정적 역할을 한다. 기업가정신은 불확실한 세상에서 투자 기회를 발견하여 실제로 결행하는 정신을 의미한다. 물론 그에 따른 위험을 감수해야 한다. 슘페터Schumpeter는 역저 『경제발전의 이론』에서 자본주의 경제의 동학성dynamism의 원천을 기업가정신에서 찾았다.[46] 기업가정신이 왕성한 경제에서는 현재의 기술 수준으로 가능한 최대의 생산이 실현된다. 아무리 기술 수준이 높다고 해도 그것을 구현하고자 하는 사람들의 마음가짐이 따르지 않으면 성장이 어렵다. 기업가정신의 발휘를 개인의 결단으로만 봐서는 안 된다. 사회의 분위기가 기업가정신을 장려하는 쪽으로 형성되어야 한다. 실패를 질책하고 실패자에게 다시 기회를 주지 않는 사회에서 기업가정신을 발휘하기는 쉽지 않을 것이다. 새로운 것에 도전하는 정신을 장려하는 사회적 공감대가 있어야 개인도 기업가정신을 갖게 된다.

혁신가와 같은 천재들에게 큰 보상이 돌아가는 경제가 공정한가에 대해 의문을 제기하는 사람들도 있다. 아기옹Aghion은 혁신이야말로 정의에 부합한다고 주장한다. 롤스Rawls의 차별 원칙과도 양립할 수 있다. 차별 원칙에 따르면 사회 최하위층의 소득이 증가한다는 전제 아래 소득 차별이 용인될 수 있다. 혁신에 의해 경제가 성장하면 최하위층의 소득도 증가하므로 정의의 기준에도 합당하다.

최근에는 사회적 자본social capital이라는 표현을 쓰는 경우가 많다. 한 사회의 분위기나 문화는 마치 물적자본처럼 경제에

---

46 Schumpeter, *Theorie Der Wirtschaftlichen Entwicklung*, 1912 (경제발전의 이론, 2020).

영향을 미친다. 신뢰, 정직 등 국민의 보편적 마음 자세도 물적자본처럼 한번 형성되면 지속적으로 경제에 영향을 미친다. 자유로운 교환을 활성화하기 위해서 개인의 정직, 타인에 대한 신뢰가 전제되어야 한다. 서로 속이는 사회에서 개인 간의 거래가 활발히 일어나기는 어렵다. 잭Zak과 낵Knack은 국가 자료를 이용한 연구에서 사회의 신뢰수준이 높은 국가의 1인당 소득 수준이 더 높다는 사실을 밝혔다.[47] 노르웨이, 스웨덴 및 영미계 국가들은 신뢰수준이 매우 높고 따라서 소득 수준이 가장 높은 국가들이다. 반면에 페루와 필리핀처럼 국민 사이에 신뢰가 없는 국가는 가난하다.

문화culture가 경제성장에 미치는 영향도 무시할 수 없다. 일찍이 베버Weber는 청교도 정신이 자본주의의 발전에 기여했다고 주장하였다.[48] 기독교 개신교에서 강조하는 근검절약 정신, 정직, 직업을 소명으로 생각하여 각자 최선을 다해야 한다는 가르침 등은 자본주의 시장경제의 발달에 긍정적인 영향을 미쳤다. 모키르Mokyr는 서유럽의 경제가 중국을 추월하게 된 계기를 17, 8세기 유럽의 계몽주의 등 지식을 확산하고 공유하는 문화의 성숙에서 찾았다.[49] 다원주의의 포용과 아이디어 경쟁

47 Zak and Knack, "Trust and Growth," *The Economic Journal*, 2001. 이 연구가 분석한 기간에는 페루가 지금보다 훨씬 못사는 상황에 놓여 있었다.

48 Weber, *Die Protestantische Ethik Und Der Geist Des Kapitalismus*, 1904-1905 (프로테스탄트 윤리와 자본주의 정신, 2018).

49 Mokyr, *A Culture of Growth: The Origins of Modern Economy*, 2016 (성장

등으로 성장에 우호적인 문화가 형성되어 산업혁명이 발생하였다는 주장이다. 다수의 서구 학자들은 2차 세계대전 이후 동아시아 국가들의 유독 빠른 성장과 유교 문화의 관련성에 대해 주목한다. 일본, 한국, 타이완, 홍콩, 싱가포르 등은 경제성장에 성공한 국가들로 모두 동아시아에 위치하고 있다. 그 공통점을 유교라는 문화적 요소에서 찾고자 하는 시도가 있다. '아시아의 가치Asian value' 등으로 표현되는 문화적 공통점이 동아시아 국가들의 성장의 원인 중 하나라는 주장이다.

일찍이 영국의 산업혁명 이전에 근면혁명Industrious Revolution이 있었다는 사례도 문화와 성장 사이에 존재하는 깊은 관계에 대해 시사하는 바가 크다. 기술이 발달하고 시장이 넓어지며 소비자들의 후생이 커지자 사람들이 더욱 근면하게 노동하려는 움직임이 발생하였다. 이러한 문화적 변화가 서구 사회의 번영을 가져왔다. 펠프스Phelps도 자생적 혁신indigenous innovation이 경제성장에 가장 중요하다고 주장한다. 대중이 혁신 마인드를 갖고 자유롭게 각자가 생각하는 좋은 삶을 추구하는 경제, 즉 '근대적 가치'의 추구가 서구 사회 성장의 동력이라고 주장한다.[50] 그는 사회주의나 공동체주의, 조합주의corporatism 등은 개인의

의 문화, 2018).

50 Phelps, *Mass Flourishing: How Grassroots Innovation Created Jobs, Challenge, and Change*, 2013 (대번영의 조건 - 모두에게 좋은 자본주의란 무엇인가, 2016).

혁신을 장려하지 못하므로 성장에 도움이 안 된다고 지적한다.

소득분배와 경제성장 사이의 관계도 흥미로운 주제이다. 소득이 평등하게 분배된 사회가 경제성장에 더 효율적인가, 아니면 소득분배가 불균등하면 오히려 경제성장이 촉진되는가. 소득의 분배가 불평등하면 총저축률이 높아진다는 주장이 있다. 일반적으로 부자는 빈자보다 한계저축성향이 높다. 즉 부자는 소득에 대한 소비의 비율이 낮으므로 부자의 저축률이 빈자의 저축률보다 높다. 부자에게 상대적으로 소득이 더 많이 분배되면 경제 전체의 총저축률이 상승한다는 것이다. 그렇다고 하면 역설적으로 소득분배가 불평등한 경제의 총저축률이 높아서 성장도 촉진될 가능성이 있다. 그러나 소득이 불평등하게 배분되면 국민 사이의 갈등이 증가할 소지가 크다. 사람은 본성상 상대적 소득에 민감하다. 민주 정치체제 아래에서 다수의 국민은 소득 재분배정책을 지지하게 되므로 사회적 갈등을 해소하는 데에 많은 자원이 투입될 수밖에 없고 이는 성장을 저해하는 요인이 된다. 민주 국가는 개인의 정치적 목소리가 존중되는 사회이다. 당연히 자신의 이익을 위해 정치적 영향력을 행사하려 할 것이다. 민주주의 정치체제를 채택한 국가에서 소득불평등의 심화는 경제성장을 저해하는 요인이 될 가능성이 높다. 소득분배와 경제성장 사이의 인과성은 명확하지 않다. 그러나 민주 정치체제에서 소득의 지나친 불균등 배분은 성장에 결코 도움이 되지 않는다.

아세모글루와 로빈슨이 포용적 성장inclusive growth을 강조한 것도 이와 관련된다.[51] 성장의 과실이 일부 구성원에게만 주어지는 약탈적 체제extractive system는 지속적 성장을 보장하지 않는다. 포용적이지 못한 체제가 결국에 붕괴한 역사적 사례는 많다. 포용적 성장을 위해서는 포용적인 제도의 확립이 필요하다. 정부는 자유로운 거래를 보호하고 투자와 혁신을 장려하며 그에 필요한 교육을 제공해야 한다. 복지 혜택의 확장이 포용적인 결과를 낳지는 않는다.

지금까지 경제의 효율성을 결정하는 주요 요인을 설명하였다. 경제체제, 정치체제, 법 제도, 투명성, 경제 개방, 금융발달, 사회적 자본, 문화, 소득분배 등 다양한 요인이 효율성에 영향을 미친다. 경제성장은 매우 복합적인 요인에 의해 결정되는 것은 분명해 보인다.

6. 인구

경제성장을 1인당 소득의 증가라고 정의하므로 인구의 증가가 성장에 미치는 영향은 이중적이다. 인구가 많아서 노동 투

51 Acemoglu and Robinson, *Why Nations Fail: The Origins of Power, Prosperity, and Poverty*, 2012 (국가는 왜 실패하는가, 2012).

입량이 증가하면 생산량이 증가한다. 그러나 1인당 생산량은 총생산을 인구로 나눈 값이므로 인구가 증가하면 1인당 생산이 줄어드는 효과도 있다. 인구 증가는 성장을 촉진하는 효과와 저해하는 효과를 이중적으로 갖고 있다.

맬서스 이래로 인구 증가는 1인당 생산을 감소시키므로 성장을 저해한다는 주장이 우세했다. 특히 기술 발전이 느렸던 시기에 출산의 증가는 인류의 생존을 위협하는 요소였다. 인구가 빠르게 증가하면 식량이 부족하게 되므로 많은 사람이 기아나 전쟁으로 사망하게 된다. 인구가 줄어들게 되면 1인당 생산은 생존이 가능한 수준으로 다시 돌아간다. 반대로 역병, 전쟁 등으로 인구가 작아져서 1인당 생산이 좀 많아지면 출산율이 높아져서 인구가 증가한다. 1인당 생산은 생존에 필요한 최저 수준으로 다시 낮아진다. 이 논리에 따르면 장기적으로 인류는 겨우 생존에 필요한 수준을 벗어나 크게 성장하기는 어렵다는 암울한 예측이 불가피하다. 이를 소위 '맬서스의 함정 Malthus' trap'이라고 부른다. 대부분의 개발도상국에서는 경제개발 초기에 인구 증가를 억제하는 정책을 펼친다. 중국의 1가구 1자녀 정책이 대표적인 사례이다.[52] 농업을 위주로 하는 저개

---

52 중국은 경제성장을 촉진하기 위해 1980년부터 1가구 1자녀 정책을 시행하였다. 소수민족에 대해서는 예외를 인정했지만 오랫동안 아들 딸 구별 없이 1자녀로 제한해 오다 2016년에 이 정책을 완전히 철폐하고 2자녀를 허용하였다.

발국에서 자녀는 생산의 투입요소로 간주된다. 자식이 성년이 되면 즉시 노동 인력으로 투입할 수 있기 때문이다. 그러나 산업화 사회에서는 많은 인구가 부담이 될 수 있다. 산업화가 필요한 대부분의 개발도상국은 맬서스의 함정을 벗어나기 위해 인구 증가를 억제하는 정책을 펼치고 있다.

그런데 최근 들어 많은 인구가 경제성장에 오히려 유리한 조건이 될 수 있다는 견해가 새롭게 제기되고 있다. 크레머 Kremer는 인구가 많을수록 더 많은 지식의 발견이 가능하므로 지식의 축적에 유리하다는 주장을 펼쳤다.[53] 오랜 역사를 관찰해 보면 인구가 많은 지역의 인구 증가율도 높다. 즉 인구가 많으면 혁신도 많이 발생하여 경제가 성장하므로 인구 증가율이 높아진다. 인구 증가율의 상승은 생산량의 빠른 증가를 의미한다. 빙하시대 이후에 대륙 간 연결이 끊겨서 세계는 유라시아-아프리카, 아메리카, 오스트레일리아, 그리고 태즈메이니아로 분리되었다. 분리되기 전에는 기술 수준의 차이가 없었고 인구 밀도도 엇비슷했을 것이다. 1500년경에 네 지역 사이의 교류가 다시 가능해졌다. 인구가 많은 지역일수록 성장률이 높았다고 하면 인구밀도의 차이가 발생했을 것이다. 1500년경에

---

53 Kremer, "Population Growth and Technological Change: One Million B. C. to 1990," *The Quarterly Journal of Economics*, 1993. 크레머는 이 연구와 직접 관련은 없지만 지구의 빈곤을 퇴치하는 정책을 개발하는 연구의 공헌으로 2019년에 노벨상을 수상하였다.

인구밀도는 유라시아-아프리카가 1평방 킬로에 4.9명으로 가장 높고, 인구가 가장 적었던 오스트레일리아와 태즈메이니아는 0.03명에 불과했다. 즉 인구가 많을수록 기술 진보가 더 빠르므로 경제가 성장하여 인구가 더 빠르게 증가했다는 해석이 가능하다.

각국의 국민 사이에 능력의 차이가 없다고 하면 인구가 많은 국가일수록 더 많은 수의 천재를 보유하게 된다. 천재가 태어날 확률을 1퍼센트라고 하면, 인구가 천만 명인 국가에는 10만 명의 천재가 있을 것이고, 인구 일억 명의 국가에는 백만 명의 천재가 있을 것이다. 천재 한 명이 하나의 혁신적인 기술을 개발한다고 가정하면 인구 천만 명의 국가는 10만 개의 기술 혁신, 그리고 인구 일억 명의 국가에서는 백만 개의 혁신이 발생한다. 재능 있는 사람이 많을수록 더 많은 기술 혁신이 발생한다. 1인당 기술 혁신의 수는 동일하지만 기술은 공공재적 특성을 갖고 있다는 점이 중요하다. 기술은 비경합적이므로 국민 모두가 기술의 혜택을 받을 수 있다. 인구 천만 명의 소국 국민은 10만 가지 기술 혁신의 혜택을 모두 받게 되고 인구 일억 명인 대국의 국민은 백만 가지 신기술의 혜택을 모두 누리게 된다. 또 기술 진보는 외부효과에 의해 추가적인 기술 진보를 불러온다. 대국은 기술 개발을 더 많이 하였기 때문에 앞으로도 더 많은 기술 개발을 추가할 가능성이 있다. 결국 인구가 많을수록 경제성장에 유리하다는 결론이 도출된다.

많은 인구는 시장의 크기를 크게 만드는 효과도 있다. 제조업은 규모의 경제의 특성을 갖는 경우가 많다. 자동차 생산량이 많을수록 자동차의 평균 생산비용을 낮출 수 있다. 시장 규모가 커야 생산량을 증가시킬 수 있다. 인구 대국은 시장 규모도 크므로 내수 시장에만 의존하여도 어느 정도 성장이 가능하다. 인구 규모가 작은 소국은 수출을 통해 국내를 넘어 해외까지 시장을 확장해야 효율적인 생산이 가능하다. 인구가 작은 소국은 무역에 의존하지 않고는 결코 성장에 성공할 수 없다는 점이 명확하다.

7. 성장이론 요약

하나의 완벽한 성장이론은 없다. 경제성장에 영향을 미치는 요인은 매우 다양하기 때문이다. 솔로우 등 초창기 경제학자들은 자본 축적이 성장의 가장 중요한 요인이라고 생각하였으나 물적자본만으로 국가 간 소득 격차를 완전히 설명할 수 없다는 것을 알게 된다. 그다음에 경제학자들이 생각한 성장요인은 인적자본이었다. 노동의 질이 생산에 영향을 미친다는 점을 인정하면 노동자의 평균적인 인적자본 수준이 한 나라의 경제성장에 영향을 미친다는 주장은 쉽게 받아들일 수 있다. 교육과 훈련을 통해 노동자의 인적자본 축적을 촉진함으로써 경제성장을 달성할 수 있다고 생각할 수 있다. 이와 같이 물적자본이나 인적자본과 같은 생산요소의 투입량 증가가 일차적인 성장의 요인이다.

그러나 생산요소 투입의 증가만으로 인류가 경험하고 있는 지속적인 성장 현상을 완벽하게 설명하기는 어렵다. 노동과 자본을 결합하여 산출물을 생산하는 능력이 중요하며, 바로 그 능력을 증진하는 기술 발전이야말로 경제성장의 요체이다. 그러나 지금과 같은 글로벌 세상에는 기술의 국가 간 이전이 가능하다. 이론으로만 보면 가난한 나라도 선진 기술을 모방하거나 전수받아 얼마든지 성장이 가능하다. 그러나 현실을 보면 국가 사이의 소득 차이가 여전히 줄어들지 않고 있다. 즉 기술만으로는 경제성장을 완전히 설명할 수 없다. 그래서 중시되는 것이 경제의 효율성이다. 경제체제, 정치제체, 법 제도, 경제의 개방 정도, 금융발달, 문화 등이 복합적으로 작용하여 결정되는 효율성 수준이 경제성장에 심대한 영향을 미친다. 효율성의 차이가 국가 간 소득 차이의 결정적 요인이라고 봐야 한다. 비효율적인 경제는 아무리 선진 기술을 도입해도 성장이 쉽지 않다. 그동안의 경제이론이 도출한 최종 결론은 지속적인 고성장을 위해서 반드시 경제의 효율성을 향상시켜야 한다는 것이다.

네 번째 장

한국경제의 성장

한국경제의 성장은 성장 이론에서 제기한 다양한 성장 요인을 모두 다 어느 정도는 충족하였기 때문에 가능하였다고 보는 것이 가장 그럴듯한 대답이다. 어느 한 요인도 성장을 저해할 정도로 결정적으로 어긋나지 않았기 때문에 성장이 가능했다고 봐야 한다.

이 장에서는 표준적인 경제성장 이론을 토대로 한국경제의 성장 과정을 설명하려고 한다. 한국경제의 성장을 단지 '한강의 기적'으로 치부하는 주장은 바람직하지 않다. '기적'이란 놀랍기는 하나 그 원인을 알기 어려운 우연한 사건을 의미한다. 세상에 완전한 우연은 없다는 믿음 아래 현상을 객관적인 방법으로 분석해야 과학적인 접근이라고 할 수 있다. 한국경제의 빠른 성장이 기적처럼 매우 놀랍기는 하지만 그 원인은 분명히 있다.

한국경제가 이례적으로 성장에 성공한 사실은 모두 다 인정한다. 통계가 증명하기 때문이다. 그러나 성장의 원인을 규명하기는 쉽지 않다. 어떤 이들은 한국경제의 성장 원인을 한 가지만 꼽아 달라고 한다. 참으로 답하기 어려운 질문이다. 경제성장 이론의 관점에서 평가하면 한국경제의 성장은 필연적인 결과이다. 한국경제의 성장은 성장 이론에서 제기한 다양한 성장요인을 모두 다 어느 정도는 충족하였기 때문에 가능하였다고 보는 것이 가장 그럴듯한 대답이다. 어느 한 요인도 성장을 저해할 정도로 결정적으로 어긋나지 않았기 때문에 성장이 가능했다고 봐야 한다.

이 장에서는 경제학자들이 오랫동안 수많은 사례를 분석하여 도출한 경제성장 이론을 적용하여 한국경제의 성장 원인을 하나씩 찾아보고자 한다. 앞 장에서 설명하였듯이 성장을 위해서는 우선 생산요소 투입량의 증가가 필요하나 성장을 지속하려면 반드시 기술 발전과 효율성 개선으로 생산성이 높아져야 한다. 한국경제에서 실제로 다양한 성장요인이 어느 정도 충족되었는지를 살펴볼 필요가 있다.

본서가 채택한 방법론은 최근에 유행하는 경제성장 설명 방식과는 다소 다른 점이 있다. 갤로어Galor는 인류 탄생 시기부터 최근까지의 경제성장을 통합성장이론unified growth theory으로 설명하고자 한다.[1] 그 외에도 코야마Koyama와 루빈Rubin은 최근에 출간된 저서에서 성장에 관한 다양한 가설을 먼저 제시하고 그 설명력을 각각 검증한 후 통합적인 설명 방식을 채택

1 Galor, *The Journey of Humanity : The Origins of Wealth and Inequality*, 2022 (인류의 여정, 2023). 이 책은 인구와 기술 발달 사이의 상호작용을 토대로 수십만 년 동안 진행되어 온 인류의 물질적 번영을 설명한다. 산업혁명이 임계점이 되어 급속한 기술 발달이 맬서스 함정을 벗어나게 하였다는 주장을 담고 있다.

한다.[2] 경제학, 심리학 등 여러 학문을 통섭하여 경제성장을 조명한 저서로 헨릭Henrich의 분석도 주목할 만하다.[3] 그에 따르면 제도와 문화의 공진화co-evolution 과정이 서구의 경제성장에 결정적으로 작용했다.

우리는 이런 접근법과는 좀 다르게 경제성장 이론에서 제시하는 많은 성장요인이 한국에서 실제로 충족되었는가를 하나씩 경제 현실에 대입하여 점검해 보고자 한다. 어느 요인이 어느 정도 영향력을 미쳤는지를 정량적으로 따지기보다는 모든 성장요인을 상당한 정도 충족했기 때문에 성장이 가능했다는 인식 아래 한국경제의 다양한 성장 원인을 찾고자 한다.

경제사 분야에서 가장 오래되며 중요한 주제는 왜 영국에서 가장 먼저 산업혁명이 발생했느냐는 것이다. 그 원인에 관한 논쟁은 아직도 진행 중이다. 알렌Allen은 고임금과 영국의 에너지 자원 보유, 모키르Mokyr는 계몽주의와 과학지식의 보편화 등 문화적 요인, 그 외에도 대의 통치체제의 발전, 내수 시장의 크기, 대서양 접근성, 고숙련 노동자의 존재 등 산업혁명의 원인에 관해서는 다양한 견해가 공존한다. 이 경우에도 하나의

2 Koyama and Rubin, *How the World Became Rich : The Historical Origins of Economic Growth*, 2022 (부의 빅 히스토리, 2023).

3 Henrich, *The Weirdest People in the World: How the West Became Psychologically Peculiar and Particularly Prosperous*, 2020 (위어드 - 인류의 역사와 뇌 구조까지 바꿔놓은 문화적 진화의 힘, 2022).

요인만 옳다고 주장하기 어렵다. 본서도 한국경제의 성장 원인을 설명하기 위해 다양한 성장요인을 모두 검토하는 방식을 채택한다. 주로 살펴본 기간은 한국의 경제성장이 본격화된 1962년을 시점으로 하여 성장률이 비교적 높았던 기간이다. 경제성장의 요인을 설명하기 위해 최근보다는 개발 초기의 사례를 많이 활용하였다는 점도 밝힌다.

1. 인구 증가의 억제

인구 증가가 경제성장에 미치는 효과에 대해서는 긍정과 부정의 견해가 섞여 있다. 인구가 많으면 노동력도 많아지므로 생산량을 증가시키는 데에는 도움이 된다. 그러나 노동자 한 명당 자본은 감소한다. 따라서 인구 증가율이 높으면 1인당 소득을 증가시키기 어렵다. 그러나 인구가 많으면 뛰어난 인재의 수도 많아지므로 혁신에 유리하다. 시장 규모가 커지므로 규모의 경제를 이용할 수 있게 되어 경제의 효율성이 높아지는 긍정적 효과도 있다.

이와 같이 인구가 경제성장에 미치는 효과는 양면적이지만 산업화 초기에는 인구 증가가 경제성장에 부담이 된다는 주장이 정설로 받아들여진다. 해방 직후 한국의 인구는 대략 2,500

만 명이었고 인구 증가율은 3퍼센트 정도로 상당히 높았다. 당시의 경제 수준에 비추어 볼 때 그 많은 사람을 먹여 살리기가 쉽지 않았다. 정부는 인구 증가를 억제하기 위해 다양한 정책을 시행하였다. 인구 증가율을 낮추기 위해서는 우선 출산율을 낮춰야 한다. 한국 정부는 '가족계획사업'이라는 이름으로 출산율을 낮추기 위해 다양한 정책을 시행하였다.[4] 정책적으로 소자녀 가정에게 여러 혜택을 주었으니 인구 감소를 걱정하는 지금은 도저히 이해하기 어려울 수도 있다. 피임 수술을 하면 남자들의 예비군 훈련을 일부 면제해 주는 정책까지도 있었다. 실질적인 혜택을 줬을 뿐 아니라 국민 계도에도 힘썼다. "둘만 낳아 잘 기르자"라는 표어가 귀에 못이 박힐 정도로 반복되었다. 그 덕택에 1960년대 초에는 가구당 평균 자녀 수가 6명이었으나 1970년대 후반에는 2명대로 하락하였다.

자녀 수의 감소 추세는 꼭 정부 정책 때문만은 아니다. 노벨상 수상자인 베커Becker의 주장처럼 자녀의 수도 경제적 요인에 따라 정해진다.[5] 출산을 결정하는 부모의 입장에서 보면 자

---

[4] 가족계획사업은 1961년에 시작되었고, 1996년에 정식으로 종료되었다. 이 사업은 한국 외에도 인도, 파키스탄 등이 채택한 정책이다. 중국도 인구 증가를 억제하기 위해 '1가구 1자녀 정책'을 시행하였다. 중국의 이 정책은 2002년에 시작되었으나 지나친 인구 감소를 우려하여 2015년에 폐지되었다. 최근 들어 중국의 인구 증가율이 마이너스로 돌아섰다는 보도가 나올 정도로 중국의 인구 억제정책은 큰 효과를 나타내었다.

[5] Becker, A *Treatise on the Family: Enlarged Edition*, 1991.

녀는 편익을 주기도 하고 비용으로 작용하기도 한다. 합리적인 가계는 편익과 비용에 따라 최적 자녀의 숫자를 결정한다.[6] 농경 사회에서는 자식, 특히 남자아이는 장성한 이후에 노동력으로 활용할 수 있으므로 편익이 크다. 자식을 낳는 것은 어쩌면 투자의 목적으로도 볼 수 있다. 노후 대책으로도 자식은 쓸모가 있다. 나이가 들어 부모의 생산 능력이 감퇴했을 때 자식으로부터 봉양을 받을 수 있다. 전통 농경 시대에 자녀 수가 많았던 이유는 경제적으로 충분히 설명된다. 그러나 경제가 성장하면서 자식의 양육비, 교육비와 같은 비용 측면이 더 중요해졌다. 한국 사회에서 자식을 출산하고 양육하는 데에 들어가는 비용은 매우 크다. 교육열이 높고 학력이 많은 것을 결정하는 한국 사회에서 자녀에게 지출되는 교육비는 살인적으로 높다. 특히 출산과 육아의 부담을 주로 지는 여성의 경우에 자녀를 낳고 기르는 데에 따른 비용은 매우 크다. 자녀 양육에 따르는 금전적 부담과 노고 외에도 시간의 기회비용이라는 관점에서 보면 경제가 성숙할수록 자식의 비용은 커진다. 자식을 낳고 돌보는 시간에는 일을 할 수 없으므로 임금 또한 받을 수 없다. 자식이 없었으면 일해서 벌 수 있는 임금을 포기해야 하므로 이 또한 출산의 기회비용에 포함되어야 한다. 정부가 출산율 저하 정책을 강력하게 쓰지 않아도 합리적인 가계는 적은

---

6 자녀를 출산하고 양육하는 데에 따른 정서적인 이득과 편익도 분명히 존재하나 여기서는 명시적으로 다루지 않았다. 천성적으로 아이를 사랑하는 사람에게 자식이 주는 기쁨은 무엇과도 바꿀 수 없을 정도로 크다.

수의 자녀를 선택한다. 부유한 나라의 출산율이 낮고 개발도상국도 경제가 발전함에 따라 출산율이 하락하는 데에는 다 이유가 있다.

한국의 인구 증가율 통계를 보면 지속적으로 하락하였음을 알 수 있다. 1960년도 인구 증가율은 3퍼센트로 매우 높았다. 1970년에는 2.21퍼센트, 1980년에는 1.57퍼센트로 낮아졌으며, 1990년에 1퍼센트 이하로 떨어지더니 2020년부터는 급기야 마이너스 인구 증가율을 보이고 있다. 인구 감소세는 한국만이 아니라 세계적인 현상이다. 세계 인구 증가율도 1960년대 말에 2퍼센트로 정점을 찍었으나 2020년에는 1.05퍼센트로 낮아졌다. 아마도 이변이 없는 한 인구 증가율의 둔화 추세는 앞으로도 계속될 전망이다.

현재는 너무 낮은 출산율이 오히려 걱정거리가 되었으므로 수십 년 전의 인구 증가 억제 정책이 얼른 이해되지는 않는다. 그러나 개발 초기에 시행한 인구 억제 정책은 경제성장에 분명히 도움이 된 것으로 보인다. 더욱 많은 사람들이 자식을 낳고 기르는 시간을 절약하여 노동시장에 참가할 수 있었다. 개발 초기에 나타난 인구 증가율의 하락이 한국의 1인당 소득 증가에 긍정적이었음을 부인하기 어렵다.

2. 물적자본의 축적

일찍이 솔로우가 강조한 바와 같이 경제성장의 가장 기본적인 요인은 물적자본의 축적이다. 기계나 장비가 많으면 동일한 노동 시간을 투입해도 더 많은 생산이 가능하다. 물적자본, 즉 자본재가 증가하면 생산이 증가한다. 자본재는 그냥 생기는 것이 아니다. 자본재를 축적하려고 하면 투자를 해야 하며, 투자를 위해서 반드시 저축이 필요하다. 소득을 전부 소비하지 않고 남기는 것이 있어야 저축이 가능하다. 가난한 나라에서 사람들은 하루하루 생존에 급급하므로 저축하기가 쉽지 않다. 내일을 기약하는 것보다 지금 당장의 연명이 중요하기 때문이다. 한국은 가난한 농경사회이었으며 그나마 한국전쟁으로 대부분의 공장 시설, 기계 등 자본재가 파괴되어 사실상 물적자본이 거의 없는 상태에서 출발했다. 소득 수준이 극도로 낮았으므로 저축 여력이 거의 없었다. 그러나 한국인들은 소비를 억제하고 저축을 조금이라도 더 많이 하기 위해 최선을 다했다.

한국인들의 저축률이 높았던 이유는 무엇일까. 사람은 지금 가진 것 중 일부를 소비하고 나머지는 저축한다. 물론 저축은 미래에 더 많은 소비를 기대하고 현재의 소비를 자제하는 행위이다. 소득을 소비와 저축으로 배분하는 비율은 그 사람의 시간선호도the rate of time preference에 따라 정해진다. 사람은 누구나 이왕이면 지금 당장의 소비를 선호한다. 원시 시대 때부터 사람의 본능은 나중을 위해 아끼는 것보다 지금 소비하는 쪽을 선택하는 방향으로 진화되었다. 미래는 불확실하기 마련이다. 지금 남겨둔들 미래에 내가 그것을 소비할 수 있다고 확신하기 어렵다. 차라리 지금 당장 소비하는 것이 낫다고 생각하는 것이 본능에 더 맞다. 시간선호도는 미래의 소비보다 현재의 소비를 얼마나 더 중시하느냐를 측정하는 지표이다. 인내심이 강한 사람은 시간선호도가 낮은 사람이다. 미래의 소비보다 현재의 소비를 선호하기는 하나 그 정도가 강하지 않은 사람이다. 한국의 저축률이 높았다는 것은 한국인의 시간선호율이 낮았으며 인내심이 강했다는 것을 의미한다. 현재의 소비욕구를 억누르고 미래를 위해 저축을 했다는 점에서 한국인은 성장에 유리한 품성을 갖고 있었다. 저축 의욕이 강했던 이유는 문화적인 측면도 있었을 것이다. 청빈과 절약은 한국 사회에서 전통적으로 존중되어 온 기본 가치였다.

정부도 저축을 장려하기 위해 여러 가지 정책을 시행하였다. 이자 소득에 대해서 세금 감면 혜택을 주었고 아예 과세하지 않는 경우도 많았다. 특히 재형저축은 근로자의 저축을 장려하기 위해 전폭적인 세금 혜택을 준 대표적인 금융상품이다.[7] 초·중등학교에서도 입학과 함께 모든 학생에게 의무적으로 예금통장을 발급하고 매월 저축일을 지정하여 학생 때부터 저축하는 습관을 기르도록 유도하였다. 저축을 장려하는 포스터 그리기와 표어 짓기 대회, 저축왕 선발대회 등 국민의 저축 의식을 고취하는 행사도 많았다.

GDP 대비 저축 통계를 보면 1960년도에는 0.6퍼센트에 불과했다. 경제개발 초기에는 거의 저축 여력이 없었다. 저축률은 1966년에 10퍼센트를 넘어 꾸준히 상승하여 1978년에 30퍼센트를 넘어서고 1988년에는 41.2퍼센트로 최고치를 기록하였으며 그 이후에 다소 하락하였으나 현재도 30퍼센트대를 유지하고 있다. 한국의 저축률은 지금도 세계적으로 높은 수준이다.

저축은 투자의 원천이다. 물적자본은 투자가 있어야 축적된다. 한국은 저축률이 높았을 뿐 아니라 투자율도 높았다. 개발 초기에는 기계 장비를 수입에 의존하였다. 대부분의 자본재는 미국, 일본, 독일 등 선진국으로부터 수입하였다. 한국은 일찍부터 개방경제체제를 채택하였으므로 자본재의 수입에 유리하였다. GDP 대비 투자 비율은 1960년도에 10.6퍼센트를 시작으로 하여 1966년에 21.7퍼센트, 1977년에 30.1퍼센트, 1991년에 41.2퍼센트로 최고치를 기록하였으며, 그 이후 대부분의

7 재형저축 제도는 근로자의 재산 형성을 돕기 위해 1976년에 도입되어 1995년까지 운영되었다. 그 후 2013년에 부활하여 잠깐 시행되었으나 지금은 없어졌다. 근로자의 목돈 마련을 위한 저축으로 세금이 면제되었다.

기간에도 30퍼센트대를 유지하고 있다.

매년 통계를 보면 저축률과 투자율 사이에 차이가 꽤 있다. 폐쇄경제에서는 이론적으로 저축률과 투자율이 일치해야 한다. 개방경제에서 저축률과 투자율의 차이는 외국 자본의 유출입으로 충당된다. 국내 저축이 부족하더라도 외국 자본이 유입되면 투자를 늘릴 수 있다. 외국 자본의 유입 방식은 다양하다. 해외직접투자(FDI)는 외국인이 국내에 기업을 창업하고 직접 경영하는 방식의 외자 유입이다. 한국의 FDI 의존도는 높지 않았다. 아마도 한국인 특유의 외국인에 대한 배타적인 문화와 자주정신이 영향을 미쳤는지도 모르나 외국 기업의 국내 진입은 초기에는 많지 않았다. 그 대신에 정부나 민간 차원에서 원조나 차입 등의 방식으로 외국 자본이 유입되어 부족한 국내 저축을 메꿔 주었다. 1960년대에 서독 등지로 2만여 명의 간호사와 광부가 파견되어 외화를 벌어들였다. 1964-73년 동안 한국군의 베트남 전쟁 참전, 1980년대 후반기의 중동 건설 붐 등 거액의 외자가 유입되는 굵직한 사건들이 있었다. 1990년대에 들어서면 자본 자유화의 바람에 편승하여 주식, 채권 등을 통한 해외자본의 유입이 커졌다. 외국인들이 국내 기업이 발행한 주식이나 채권을 매입하면 국내로 자본이 유입되는 것이다. 해외 포트폴리오투자는 FDI와 다르게 외국인이 경영에 직접 참여하기보다는 배당소득, 이자소득 또는 증권 가격 상승에 의한 자본이득을 목표로 국내 증권을 매입하는 것을 의미한다. 저축률보다 투자율이 더 높은 기간에는 외국 자본이 국내로 유입되었다고 볼 수 있다. 개발 초기에 국내 저축이 부족했으나 외자의 유입을 통해 물적자본의 축적이 가능했으므로 또 하나의 성장요인을 충족할 수 있었다.

3. 인적자본의 축적

생산과정에서 노동의 투입은 반드시 필요하다. 노동 시간이라는 양적 지표보다 질을 반영하는 인적자본의 투입이 생산량을 결정한다. 경제개발 초기에는 단순노동에 의한 경공업 제품의 생산이 대부분을 차지했다. 신발, 가발, 합판 등 노동 집약적인 상품이 주류를 이루었다. 한국인의 근면성과 손재주가 초기 공업화에 큰 역할을 했다. 당시의 노동 시간은 살인적이었다. 1960년대의 노동자 평균 연간 근로 시간은 2,400시간이 넘었다. 그 당시 미국 등 선진국 노동자의 연평균 노동 시간은 2,000시간이 안 되었다. 한국 노동자의 노동 시간이 가장 길었던 기간은 1980년대로 연 2,800시간에 가까웠다. 미국, 영국 등의 노동자가 연 1,800시간 정도 일하는 데에 비해 한국 노동자들의 노동 시간은 믿을 수 없을 정도로 길다. 개발 초기에 섬유공장과 제약공장의 노동자들은 대부분 나이 어린 소녀들로서 하루 평균 12시간 이상의 교대제 근무에 시달렸다고 알려져 있다. 노동 시간은 1990년을 정점으로 그 이후에는 계속 하락하고 있기는 하지만 여전히 OECD 평균에 비해 높다. 2022년 자료를 보면 한국 노동자의 노동 시간은 연평균 1,900시간으로 OECD 평균 1,700시간에 비해 여전히 높다. 외국인들이 놀랄 정도로 한국인은 마치 일벌레처럼 일해 왔다. 그러나 긴 노동 시간이 경제성장에 기여한 점 또한 무시하기 어렵다.

크루그먼Krugman은 한국의 가슴 아픈 현실을 정확하게 지적한다.[8] 크루그먼은 한국의 성장이 질적 성장이라기보다는 양적 성장에 가깝다고 평가하였다. 생산성의 향상이 아니라 생산요소 투입량의 증가에 따른 성장이므로 한국 등 아시아 국가들은 조만간 성장의 한계에 도달할 것이라고 예측하였다. 한국경제의 성장은 "영감inspiration보다 땀perspiration의 결과"라는 아픈 지적이다. 크루그먼의 주장은 1997년 말 한국 등 동아시아에 불어닥친 경제위기로 입증되는 것 같았다. 물론 단기간에 위기를 극복함으로써 크루그먼의 예측은 반만 맞는 것으로 판명되었다. 크루그먼의 지적대로 엄청난 노동의 투입이 한국경제의 성장에 크게 기여한 것은 맞지만 다른 성장요인도 충족하고 있었으므로 위기 이후에도 성장이 그치지는 않았다.

경제가 성숙함에 따라 노동 시간의 중요성은 줄어들었다. 노

---

8 Krugman, "The Myth of Asia's Miracle," *Foreign Affairs*, 1994.

동의 질이 더 중요한 세상이 되었다. 노동자의 인적자본 수준이 높으면 동일한 시간을 일해도 생산량이 더욱 많아진다. 인적자본의 축적을 위해서는 노동자에 대한 교육과 훈련이 필요하다. 교육은 소비이자 투자로 볼 수 있는 독특한 서비스이다.[9] 한국 사회는 전통적으로 학력이 지배하는 사회이다. 미래의 고소득, 출세, 존경 등 학력이 개인에게 주는 효용이 엄청나게 크다. 교육의 효용이 높은 만큼 한국인의 교육비 지출은 유별나다. 개인의 시간선호도 역시 교육에 대한 지출에 영향을 미친다. 교육의 결실은 미래에 발생한다. 지금 당장의 효용을 중시하는 사람은 교육비 지출을 주저한다. 시간선호율이 낮은 한국인은 일반 소비지출을 줄이고 교육에 대한 지출은 높여 왔다. 일반 가계의 소비지출 중 교육비 지출의 비중이 매우 높다.

개인 차원에서 교육에 대한 열망이 컸을 뿐 아니라 사회 전체적으로 교육의 중요성은 늘 강조되었다. 한국의 학제 역시 교육을 장려하는 방향으로 설계되었다. 헌법 제31조 제2항은 교육의 의무를 규정하고 있다. 법에 명시된 의무 교육 기간은 중학교까지이지만 사실상 고등학교까지 총 12년 동안의 교육을 거의 무상으로 제공한다. 대학 교육은 의무는 아니나 장학금, 학자금 대출 등의 도움으로 국민의 대학 졸업률은 세계 최고 수준이다.[10] 2009년에 설립된 한국장학재단은 대학생에게

9 현재 국민소득 계정에서 교육 서비스는 소비지출에 포함되나 투자의 성격도 엄연히 갖고 있다.

제공하는 장학금과 학자금 대출사업을 전국적으로 통합하여 효율적으로 관리하고 있다. 국립대학에 진학하면 저렴한 등록금만 부담하고 대학 교육을 마칠 수 있다. 대학 진학률은 계속 높아져서 2010년에 75.4퍼센트까지 높아졌다가 그 이후에는 다소 하락하였다.[11] 2008년을 기준으로 보면 한국은 71퍼센트로 독일(36%), 일본(48%), 영국(57%), 미국(64%) 등 대부분의 OECD 회원국보다 대학 진학률이 높다.

한국인의 교육열은 매우 높다. 일반적으로 유교 문화의 영향을 받은 한국, 중국, 일본 등 동아시아 국민의 교육에 대한 투자 의욕은 매우 강하다. 고시 등 관료 선발 제도의 영향도 있다. 시험을 통해 관료로 등용하는 제도는 많은 청년들이 젊은 시절 한때 공부에 매진하도록 하는 유인을 제공하였다. 학벌을 중시하는 풍토, 좋은 대학을 졸업하면 인생이 보장되는 사회 분위기가 팽배하였다. 교육을 중시하는 문화와 제도가 인적자본의 축적을 유도하여 경제성장에 일조하였다고 볼 수 있다.

일하면서 배운다는 말이 있다. 대학에서 배운 지식을 졸업 후 현장에 그대로 적용하기는 어렵다. 삼성, 현대, LG 등 유수

---

10 2003년도 한국인의 대학 졸업률은 79.7퍼센트이다. 25-34세 인구 중 고등교육 이수 비율을 보면 1998년도에 한국은 33.8퍼센트로 OECD 평균 23.5퍼센트보다 훨씬 높다.

11 대학 진학률은 당해 고등학교 졸업자 중 대학 진학자의 비율로 측정한다.

대기업들은 자체적으로 운영하는 사내 연수 프로그램을 통해 노동자의 인적자본 수준을 높여왔다. 회사를 떠나더라도 이 지식은 여전히 유용하므로 사회 어디에선가는 다시 활용이 가능하다. 기업 내 훈련 시스템의 효과적인 작동은 한국의 인적자본 축적에 큰 도움이 되었다. 한국 노동자의 인적자본 수준이 높아진 데에는 현장학습의 영향도 있었다. 생산과정에서 노동자들이 습득하는 노하우나 스킬 등이 개별 노동자의 생산성 향상에 도움이 되었다.

한국 노동자의 높은 인적자본 수준을 보여 주는 하나의 사례로 한국인들이 매년 기능올림픽에서 거둔 실적을 들 수 있다. 지금은 한국경제가 이 단계를 넘어서서 거의 화제가 안 되고 있지만 1990년대까지만 하더라도 한국인들이 국제기능올림픽에서 이룬 쾌거가 언론에 대서특필되었다. 기능올림픽은 주로 청소년들이 참가하여 기능을 겨루는 경기로 매년 개최되었다. 기능올림픽에 입상하면 상금 뿐 아니라 병역 특례의 혜택이 있었다. 한국은 2017년에 중국에게 밀리기 전까지는 단골 우승국이었다. 이 역시 한국 노동자들의 높은 인적자본 수준을 말해 주는 증거라고 볼 수 있다.

4. 자연자원의 수입

경제성장은 GDP의 증가를 의미하며, 이때 GDP는 부가가치만 포함한다. 원자재는 생산에 필수적인 요소이다. 하지만 원자재의 가치는 GDP에 포함되지 않는다. 원자재의 부존 정도는 일국의 경제성장에 크게 영향을 미치지 않는다. 자연자원이 부족하면 외국으로부터 수입하여 생산에 투입하면 된다. 원자재를 기반으로 하여 부가가치를 창출하면 되기 때문이다. 원자재를 많이 보유한 국가는 국부의 크기는 클 수 있다. 그러나 원자재를 활용하여 새로운 부가가치를 생산하지 못하면 소득은 많지 않을 수 있다. 실제로 자원 부국 중에 소득 수준은 그다지 높지 않은 경우가 비일비재하다.

한국의 자원 보유고는 매우 열악하다. 사실상 대부분의 원자재를 수입에 의존한다. 2021년도 기준 수입품목을 보면 원자재의 비중이 가장 높다. 특히 원유는 수입품목 중 1위를 차지한다. 원자재의 열악한 부존 상황이 한국경제 성장에 큰 장애요인은 아니었다. 다만 원자재의 가격 등락 때문에 한국경제가 크게 영향을 받는다는 문제는 있다. 1970년대에 발생한 두 차례의 석유 파동 때문에 한국경제는 크게 흔들렸다. 주요 원자재 가격은 세계시장의 수요 공급에 따라 결정된다. 국제 정세에 따라 에너지 등 원자재 가격은 심하게 요동치게 된다. 사실상 오늘날 모든 원자재를 모두 자국에서 조달하는 나라는 거의 없을 것이므로 어느 나라도 원자재 가격 변동의 영향을 무시할 수 없다. 하지만 한국은 자원 빈국으로서 원자재 가격의 영향을 더 크게 받는다는 점은 부정할 수 없다.

원자재를 수입에 의존해야 하고 대부분의 원자재 가격이 달러로 결정되므로 달러 등 국제 결제 통화를 충분히 보유하는 것이 중요하다. 개발 초기에 외환 통제를 강하게 한 이유도 거기에 있다. 외환을 아껴서 원자재 수입에 활용하기 위해서였다. 1997년 말 발생한 외환위기는 외환 보유고 관리에 실패한 결과이다. 이 문제는 앞으로도 한국경제가 숙명처럼 안고 가야 한다. 현명한 자원 외교를 통해 안정적으로 자원을 확보하고 외환 보유고 관리에도 세심한 주의가 필요하다.

5. 기술 발전 노력

생산성이 높으면 같은 크기의 생산요소를 투입하더라도 더 많은 생산이 가능해진다. 기술 발전이야말로 생산성 향상의 요체이다. 기술은 비경합성이라는 공공재적인 특성을 가지고 있으므로 굳이 자체적으로 개발하지 않아도 다른 국가의 기술을 배워서 활용할 수 있다. 개발 초기에는 자체적인 기술 개발 능력이 없으므로 선진 기술의 수입과 모방이 중요하다. 한국도 개발 초기에는 주로 미국, 일본, 독일 등 선진국에서 기술을 수입했다. 경제의 개방이 기술 수입을 위한 필요조건이다. 한국경제가 개발 초기부터 채택한 개방정책은 선진 기술의 도입에 유리한 환경을 제공했다. 냉전 시대에 서방 그룹의 최일선에 위치하고 있다는 지정학적 조건 때문에 미국의 도움을 많이 받은 것도 사실이다. 경제가 성숙함에 따라 선진 기술의 수입이 점점 어려워진다. 선진 기술은 국가 안보 등의 이유로 차단되거나 거액의 로열티를 지불해야 이용할 수 있다. 경제가 발전함에 따라 자체적인 기술 개발 능력이 성장의 관건이 된다.

기술 발전 정도를 정량적으로 측정하기는 쉽지 않다. 기술개발에 필요한 투입 요소로서 연구개발지출비와 기술 발전의 성과 지표로 특허 출원 및 등록 통계를 참고할 수 있다. 기술개발에 대한 투자, 즉 연구개발R&D 지출 통계를 보면 한국이 그동안 기술 발전에 상당한 노력을 해왔음을 알 수 있다. 경제개발 초기에는 연구개발투자가 왕성하지 않았다. 연구개발에 투자할 여력도 없었고 대부분의 기술을 외국으로부터 수입에 의존하거나 모방하는 단계에 있었으므로 자체적인 연구개발비 지출은 많지 않았다. 1980년대 중반까지도 GDP 대비 R&D 투자액은 1퍼센트를 넘지 않았다. 연구개발 투자율은 그 이후에 지속적으로 높아져서 1991년도에 1.71퍼센트, 2000년도에는 2.13퍼센트, 2010년도에 3.32퍼센트, 그리고 2020년도에는 4.80퍼센트를 기록하였다. 연구개발 투자는 민간 투자와 정부 투자로 구분하여 측정할 수 있다. 정부의 연구개발 투자 비율은 0.37퍼센트에서 0.57퍼센트로 크게 높아지지 않았다. 최근으로 올수록 민간 기업의 연구개발투자가 정부의 투자보다 더 중요한 역할을 해왔다. 현재는 민간의 연구개발 투자가 전체의 3/4을 넘는다. 한국의 연구개발 투자액은 미국, 중국, 독일, 일본에 이어 세계 5위 수준이며, GDP에 대한 연구개발투자액 비율은 이스라엘과 1, 2위를 다툰다.

기술 개발 노력을 연구개발 투자지출로 측정하는 반면에 기술 발전의 결과는 특허 출원 및 등록 건수로 측정할 수 있다. 2003년도에 특허 등록 건수는 44,000건 정도였으나 매년 증가하여 2021년에는 145,000건에 달한다. 한국의 특허 출원 수의 세계 순위는 1985년에 14위, 1995년에는 11위, 2005년에는 8위, 2015년에는 4위로 보고되었다.[12] 중국, 미국, 일본 다음으로 세계 4위를 기록하고 있을 정도로 기술 개발 성과가 크다. 기술 발전의 질까지 반영한 허쉬 지수H-index도 1985년에 14위였으나 2015년에는 8위로 순위가 높아졌다.[13] 2021년도 기업

12 BOK 경제연구, “4차 산업혁명과 한국의 혁신역량: 특허자료를 이용한 국가·기술별 비교 분석, 1976~2015,” 2018.

13 허쉬 지수는 미국의 물리학자 허쉬(Hirsch)가 2005년에 연구자의 업적

별 특허 통계를 보면 한국의 대표 기업인 삼성전자와 LG가 미국의 IBM에 이어 세계 2, 3위를 차지할 정도로 한국의 기술 개발 성과는 높이 평가할 만하다.

이상의 자료를 보면 한국의 성장 과정 초기 단계에서는 선진 기술의 수입, 그리고 경제가 성장함에 따라 자체적인 연구개발 투자와 기술 개발이 중요한 역할을 한 것은 분명하다. 기술 발전에 따른 생산성 향상이 없었으면 한국의 경제성장은 결코 가능하지 않았을 것이다.

6. 효율성

기술 발전 외에 생산성을 결정하는 요인이 바로 효율성이다. 효율성이 높은 경제에서는 동일한 양의 생산요소를 투입하고 동일한 기술을 이용하더라도 생산량이 더 많아질 수 있다. 경제의 효율성을 결정하는 요인은 매우 다양하고 복합적이다. 그 중 어떤 요인이 가장 중요한가에 대해서도 쉽게 답하기 어렵다. 한국경제가 효율적이었던 주요인을 하나만 찾아내기는 쉽지 않다. 한국경제는 다양한 효율성 결정 요인을 어느 정도는 다 충족했다고 볼 수 있다. 특별히 효율성을 크게 저해하는 요

과 성취, 학계에 미치는 영향력을 측정하기 위해 개발한 지수이다.

인은 발견하기 어렵다. 분명한 것은 한국경제는 효율적이었기 때문에 성장에 성공했다는 것이다.

경제체제

한국은 1948년 헌법 제정 이후 9차례의 개헌을 했지만 기본적으로 정치체제는 민주주의, 경제체제는 자본주의를 채택하고 있다. 현행 대한민국 헌법 제1조 1항은 "대한민국은 민주공화국이다"이며, 제119조 1항은 "대한민국의 경제 질서는 개인과 기업의 경제상의 자유와 창의를 존중함을 기본으로 한다"라고 되어 있다. 또한 헌법 전문에 "자유민주적 기본질서"를 명시하고 있다. 한국이 오늘날 부국이 된 첫 번째 이유는 단언컨대, 자본주의 경제체제를 채택한 데에 있다. 사회주의 체제 아래에서 경제적으로 부유해진 경우는 아직까지 없다. 중국이 지금 성장 가도를 달리고 있지만 아직은 중진국 수준이다. 앞으로도 중국의 성장이 지속될 것인가는 더 지켜봐야 한다. 중국 외에 사회주의 체제를 고수하고 있는 쿠바, 베트남, 라오스나 북한이 잘 사는 나라라고 볼 수는 없다. 중국의 지금까지의 성장도 사회주의 체제 안에 시장경제 요소를 대폭 도입했기 때문이다. 한국은 분명하게 헌법에서 자유시장경제 체제를 채택하였고 지금까지 유지해 왔다. 아세모글루와 로빈슨은 남한과 북한의 경제력 차이는 전적으로 경제체제의 차이 때문이라고 주장한다. 시장경제 체제 덕분에 성장한 국가의 대표적인 사례로 한국을 들고 있다.[14] 1945년에 남북한은 일제 식민지로부터 동시에 벗어났으나 남한은 미국의 영향으로 자본주의 체제를 채택했고 북한은 소련군의 진주로 인해 사회주의 체제를 받아들였다. 그 후 70년 이상의 시간이 지난 오늘날 남한과 북한의 경제력 차이는 말할 수 없이 크다. 2022년 북한의 국민총소득(명목 GNI)은 36.7조 원으로 한국의 1/60(1.7%) 수준이며, 1인당 소득은 143만 원으로 한국의 1/30(3.4%) 수준에 머물러 있다. 해방 시점에 양 체제의 인적자본이나 기술 수준은 엇비슷했다고 추정된다. 사실상 자연자원 매장량은 북한이 더 많았다. 북한은 광석 채굴량의 78퍼센트, 전력 생산의 92퍼센트를 차지하였다. 공업 생산액 비율도 북한이 60퍼센트, 남한이 40퍼센트였다. 방직이나 식료품 등 경공업만 남한이 60퍼센트 정도를 차지하였다.[15] 남한과 북한의 결정적인 차이는 경제체제였다. 자본주의 체제가 경제성장에 훨씬 더 유리한 조건을 제공하였기에 오늘날의 경제력 차이가 발생하였다.

법질서의 확립

자본주의 경제체제가 원활하게 작동하기 위해서는 법질서의 확립이 필수적이다. 한국의 사법 질서는 확고하다. 사유재산제

14 Acemoglu and Robinson, *Why Nations Fail: The Origins of Power, Prosperity, and Poverty*, 2012 (국가는 왜 실패하는가, 2012).

15 이대근 외 공저, 『한국 현대사 이해』, 2007.

도를 기반으로 하되 토지 공유제 등 시장경제의 한계를 보완하는 요소가 도입되어 있다.[16] 국가의 재산권 침해를 엄격히 금지하고 공공 이익에 대해서만 개입을 허용하고 있다. 재산권이 보호되어야 효율적인 경제의 작동이 가능하다. 시장에서 개인의 자유로운 교환을 보장하기 위한 제도도 다양하게 정착되어 있다. 사법부 외에도 금융감독원, 공정거래위원회 등의 정부 기관이 시장거래의 원활한 작동을 방해하는 행위를 감시 처벌한다. 법의 지배가 정치체제의 안정과 경제성장을 동시에 가져온다.

법질서와 관련하여 경제의 효율성에 영향을 미치는 요인은 투명성이다. 부패한 경제는 효율적이지 못하다. 엄밀한 객관적 지표를 제시하기는 쉽지 않으나 개발도상국 중에 한국은 부정부패의 정도가 비교적 약했다고 볼 수 있다. 부패인식지수CPI: Corruption Perceptions Index를 보면 한국의 순위는 중상위 정도이다.[17] 공공청렴지수IPI: Index of Public Integrity는 2021년에 세계 18위, 아시아 1위를 차지했다. 한국경제가 한창 성장하던 시기인 1970년대와 1980년대의 자료는 찾기 어렵기 때문에 정량적으로 평가하기는 어렵다. 실제로 기업과 정부의 유착, 소위

16 헌법 제23조 1항에는 "모든 국민의 재산권은 보장된다. 그 내용과 한계는 법률로 정한다."라고 명시되어 있다.

17 Transparency International (http://www.transparency.org)은 한국의 순위를 2012년에는 45위, 2021년에는 32위라고 발표하였다.

정경유착에 대한 시비는 계속 있어 왔다. 그동안 많은 정치인과 기업인들이 부정부패 행위로 처벌을 받았다. 부정부패의 죄목으로 2명의 전직 대통령이 수감될 정도로 처벌 수위가 강하며, 정치권에서도 부정부패의 증거가 나오면 바로 퇴출되는 분위기가 강하다. 정량 지표로 비교하기는 어려우나 남미나 아프리카 국가들에 비해 상대적으로 부정부패의 정도나 규모가 심했다고 보기는 어렵다. 북구의 나라들이나 영미 계열 국가들에 비해 투명성이 높았다고 주장하기는 어려우나 개발도상국 중에는 비교적 양호하였다고 볼 수 있다.

정부의 역할

특히 경제개발 초기에는 정부의 역할이 매우 중요하다. 한국경제의 성장 이면에는 정부의 효율적 리더십이 작용한 바가 크다. 정부가 한국경제의 성장에 미친 영향을 정량적으로 분석하기는 쉽지 않으므로 주요 사례를 중심으로 정부가 수행한 역할을 하나하나 따져 보기로 한다.

국가와 기업은 엄연히 작동 원리가 다르다.[18] 그러나 송병락Song에 따르면 대한민국은 대통령을 CEO로 하는 주식회사처럼 운영되었다.[19] 경제정책의 담당 부처는 그동안 여러 차례

---

18 Krugman, *A Country is not a Company*, 2009 (국가는 회사가 아니다, 2016).

이름이 바뀌었다. 한창 경제개발이 진행될 당시에는 경제기획원EPB: Economic Planning Board이라는 명칭이었으며 사실상 한국경제의 컨트롤 타워 역할을 했다.[20] 많은 인재들이 경제 관료가 되어 입신양명은 물론이고 국가 발전에 이바지하겠다는 꿈을 가졌다. 어쩌면 당시에 가장 우수한 인재들이 엄격한 고시제도로 선발되어 평생을 한국경제의 발전을 위해 헌신했다고 볼 수 있다. 한국 정부가 성공적으로 성장을 이끈 이유 중 하나는 우수한 관료 집단에 있었다.

경제개발 5개년계획은 1962년도에 시작되었다. 정부가 주도하는 경제개발계획을 한국이 처음 시도한 것은 아니다. 사회주의 국가 당시 소련은 1928년부터 1991년까지 총 13차례에 걸쳐 국민경제 5개년계획을 시행했다. 중국도 1953년부터 5개년계획을 계속해오고 있다. 그러나 그 평가는 모두 같지 않다. 소련은 1930년대 대기근으로 수백만 명이 아사했는데, 그 이유는 잘못된 경제개발계획에 따른 강제적인 농업 집산화정책의 실패 때문이라고 한다. 중국도 마오Mao 시대인 1959-1961년 동안 3천만 명에 가까운 희생을 낳은 것으로 알려져 있다. 정부가 경제계획에 실패한 탓이었다. 그러면 한국과 사회주의

---

19 Song, *The Rise of the Korean Economy*, 3rd ed. 2003.

20 정부 출범 시에는 재무부와 기획처가 따로 있었는데 1961년에 기획처를 경제기획원으로 확대 설립하였다. 그 이후에 경제기획원과 재무부가 통합되었고 기획예산처를 잠시 분리하였으나 현재는 기획재정부로 다시 통합되었다.

국가들이 채택한 경제개발계획의 성패가 왜 다를까. 한국은 정부가 계획하고 주도하였지만 시장 원리를 적절히 활용하였다. 경쟁과 보상의 원리를 상당 정도 수용하였다. 또 민간 부문이 성숙함에 따라 적절한 시점에 민간에게 주도권을 이양하였다. 정부 주도의 개발 방식을 계속 고집하지 않았다. 한국 정부의 성공 이유는 시장 메커니즘의 활용, 비교우위의 존중, 적절한 시점에 정책 방향의 조정, 그리고 민관의 협력에 있었다. 중국도 1978년에 덩샤오핑Deng이 주도하여 개방 개혁의 길로 정책 방향을 바꾼 것이 오늘날 성공의 원인이다. 경제체제의 효율성 비교에서도 지적하였듯이 정부 주도의 계획경제만 지속하면 결코 성장에 성공할 수 없다.

경제개발계획은 모두 6차례 시행되었다. 앞의 3차례와 뒤 3차례 계획은 그 성격이 확연히 다르다. 앞의 3차례는 국가 주도형 계획state-led planning이었다고 하면 뒤의 3차례는 유도형 계획indicative planning이었다. 경제가 성숙한 이후에는 중장기 목표와 방향을 제시하는 선에서 정부의 역할은 그치고 대부분의 경제적 의사결정을 민간에 맡겼다. 그 이후에도 1992년에 경제사회개발계획, 그 이듬해에는 신경제5개년계획이 뒤를 이었으나 별 성과는 없었다.

정부는 산업정책industrial policy을 적절하게 활용하였다. 허쉬만Hirschman의 불균형 개발이론에 따르면 자원이 부족한 저개발국의 경우에는 특정 부문에 자원을 집중하여야 본격적인 성장이 가능하다.[21] 선도 부문이 먼저 발전하고 그 다음에 후발 부문에까지 성장효과가 미치기를 기대하는 전략이다. 소위 낙수효과trickle down effect를 기대하며 선도 부문을 우선 발전시켜야 한다는 것이다. 최신작에서 코언Cohen과 들롱Delong은 미국의 건국 초기에 해밀턴Hamilton이 주도한 산업정책이 성공하였기 때문에 미국경제의 성장이 가능하였다고 주장한다.[22] 산업정책은 과거의 유물이 아니다. 자유시장경제의 대표 국가인 미국에서조차 산업정책이 부활하는 듯하다. 2022년부터 바이든 정부에서 추진하고 있는 인플레이션 감축법IRA: Inflation Reduction Act이나 반도체법Chips and Science Act도 산업정책의 일환이다. 인플레이션 감축이나 환경 보호 등의 명분을 내세웠지만 미국의 전기차, 그리고 반도체산업을 위한 신산업정책이라고 봐야 한다. 역사를 돌이켜 보면 정부 주도의 산업정책 없이 경제성장에 성공한 경우는 거의 없다.[23]

한국은 전형적인 불균형 개발 전략을 시행하였다. 개발 초기에는 산업, 지역에 있어서 모든 부문의 균형 발전을 모색하기 어려웠다. 내수 위주의 기업에 비해 수출 기업에게 많은 혜택

---

21 Hirschman, *The Strategy of Economic Development*, 1958.

22 Cohen and Delong, *Concrete Economics*, 2016 (현실의 경제학, 2017).

23 처음부터 자유시장경제 원칙을 지킨 홍콩 정도가 예외라고 볼 수 있다. 홍콩도 주택산업 등 국가 기간산업에는 철저한 정부 규제가 시행되었다.

을 주었다. 산업별 불균형 발전 전략도 과감히 채택하였다. 초기에는 값싼 노동력을 이용하는 경공업 위주의 발전 전략을 구사하였고, 1970년대에 이르러 중화학공업을 집중 육성하였다. 로스토우Rostow는 경제발전 단계를 5단계로 구분하였다.[24] 경제는 전통적 사회, 도약 준비 사회, 도약 과정에 있는 사회, 공업화 과정을 통한 성숙사회, 그리고 고도의 대량소비 사회의 순서로 발전한다. 한국의 중화학공업 육성 기간은 소위 도약take-off 단계에 해당한다고 볼 수 있다. 비행기가 정상 운항 궤도에 들어서기 위해서는 가속도를 내어 기체를 지상으로 이륙하는 과정이 필수적이다. 경공업 위주 성장의 한계, 그리고 1960년대 후반의 세계적인 보호무역주의 강화 추세 때문에 한국 정부는 중화학공업 육성의 필요성을 절감하게 된다. 또한 주한 미군 철수에 대한 우려도 중화학공업의 조속한 발전이 필요하게 된 계기가 되었다고 한다. 방위산업의 발전을 위해서는 중화학공업의 뒷받침이 필수적이기 때문이다. 1973년 '중화학공업화선언'이 발효된 이후에 기계, 철강, 조선, 비철금속, 전자 및 화학을 중심으로 중화학공업이 크게 도약하게 된다. 1950년대에 중화학공업의 비중은 제조업의 20퍼센트에 미치지 못했다. 1970년도에 중화학공업은 37.8퍼센트, 1980년도에는 52.6퍼센트로 그 비중이 크게 상승한다. 정부는 각종 금융지원, 세금 혜택, 산업단지 설치 및 인프라 제공으로 중화학

24 Rostow, *The Stages of Economic Growth*, 1960.

산업을 적극 지원하였다. 그 과정에서 금융산업을 산업정책의 도구로 활용하는 바람에 금융산업 자체의 발전을 모색하지 못하는 우를 범하기도 했다. 금융산업의 낙후는 1997년 말 외환위기가 발생한 이유의 하나로 지적된다. 1980년대 반도체산업에 대한 정부의 전폭적 지원도 산업정책의 성공 사례로 볼 수 있다.

정부의 역할은 명시적인 산업정책에 그치지 않았다. 눈에 크게 띄지는 않았지만 국민을 계도하는 역할을 무시할 수 없다. 정부가 국민의 성장 의욕을 고취하기 위해 시행한 정책 중에 '새마을 운동'이 있다. 새마을 운동은 1970년에 시작되었다. 공업 중심의 경제개발 과정에서 소외된 농촌지역의 개발과 빈곤 퇴치를 위해 시작한 일종의 의식 개혁 운동이다. 이 운동의 공과는 상당한 논란거리가 될 수 있다. 새마을운동에 대한 평가는 크게 갈린다. 정치적 독재 체제를 무마하고 일반 국민을 통제하는 수단으로 악용했다는 비판의 목소리도 있다. 그러나 경제적 측면만 보면 새마을운동의 긍정적 효과도 있었다. 국민을 계도하여 가난을 벗어나 잘 살고자 하는 의식을 고취하였다. 사회 밑바닥에서부터 시작하여 모든 분야에서 경제성장에 대한 욕구를 불러일으키는 효과가 있었다. 개인의 성공과 국가의 성장을 지향하는 문화를 형성하는 데에 기여하였다. 아프리카, 서남아시아 등 많은 저개발국의 관료들이 한국의 새마을운동을 배우기 위해 대거 방한한다. 새마을운동이 세계적으로 관심을 모으는 이유는 정부의 적극적 홍보의 영향도 있지만 개발 초기에는 성장을 열망하는 국민의 마음 자세가 중요하다는 점에 공감하기 때문일 것이다.

새마을 운동을 긍정적으로 평가하는 사람들은 그 시행 방식에 주목한다. 이 운동은 상당한 정도로 경제 원리를 반영하여 운영되었다. 농촌 마을의 초가집 지붕 개량, 도로 수리, 다리 건설 등을 마을 사람들이 스스로 하도록 유도하고 그에 필요한 자원을 정부가 제공하였다. 다만 매년 성과를 엄격히 평가하고 추후 자원 배정의 기준으로 활용하였다. 경쟁을 부추기고 성과에 따라 보상을 주었다는 점에서 시장 원리를 적용한 사례로 볼 수 있다. 그 외에도 농촌 지역의 지도자를 육성하는 효과, 특히 여성의 경제활동 참여 기회의 확충 등의 긍정 효과가 있었다.

한국 정부의 성공 요인은 정부 주도 방식을 지속하지 않고 민관 협력의 시대를 거쳐 적절한 시점에 민간 주도의 시대로 이행하였다는 데에 있다. 만약에 정부가 주도하는 개발을 지속했으면 어떤 결과가 나왔을지는 예단하기 어렵다. 아마도 현재의 중국이 이 변화의 시점에 있을 것이다. 한국의 사례는 중국에게 좋은 참고가 될 수 있다.

경제의 개방

개방경제가 성장에 더 유리하다는 주장을 지지하는 실증은 대단히 많다. 특히 자원 보유고가 빈약한 소국의 경우에는 개방을 통하지 않고는 성장이 불가능하다. 무엇인가를 생산하려고 하면 반드시 원자재가 필요하다. 무에서 유를 창출할 수는 없기 때문이다. 한 국가가 보유한 자연자원이 부족하면 폐쇄상태에서 생산을 증가시키는 것은 원천적으로 불가능하다. 한국이 이 경우에 해당한다. 한국이 개방을 통한 성장정책을 선택한 것은 참으로 다행스러운 일이다. 실제로 2차 세계대전 이후에 개방보다 수입대체 개발 전략을 택한 국가들은 예외 없이 성장에 성공하지 못했다. 멕시코 등 중남미의 국가들은 개방을 기피하였기 때문에 오랫동안 발전하지 못했다.

경제의 개방은 재화와 서비스의 국가 간 거래, 즉 수출입과 자본의 유출입, 두 가지 측면에서 분석할 수 있다. 여기에서 자본은 물적자본이 아니라 금융자본을 의미한다. 한국 기업이 발행한 주식이나 채권을 외국인이 매입하면 한국으로 자본이 유입된다. 한국 기업이 외국 은행으로부터 차입을 하는 경우에도 자본이 국내로 유입된다. 한국 정부가 발행한 채권을 외국인이 매입해도 국내로 자본 유입이 발생한다. 자본 유출은 반대로 생각하면 된다. 한국인이 외국 정부나 기업이 발행한 증권을 매입하거나 외국인에게 대출한 경우에는 자본 유출이 발생한다.

2차 세계대전 이후에 세계적으로 무역 자유화 추세가 강했다. 한국은 이 흐름에 잘 편승하여 성장의 기회를 잡았다고 볼 수 있다. 한국은 1967년에 관세 및 무역에 관한 무역협정GATT에 가입, 1995년에 세계무역기구WTO에 가입 등으로 자유무역을 꾸준히 추진해 왔다. 1986년부터 논의되기 시작한 우루과이 라운드의 농산물 수입 자유화 조처 때문에 농업 경쟁력이 약한 한국은 상당한 어려움을 겪기도 했다. 1970년대에 중화학공업 육성을 처음 추진할 당시에 잠깐 보호무역정책을 채택한 적이 있었으나 그 외 대부분의 기간은 자유무역 기조를 유지해 왔다.

국가의 개방도degree of openness는 무역, 즉 수출과 수입의 합계와 GDP의 비율로 측정한다. 한국의 개방도는 1960년대에는 20퍼센트에 불과했으나 1990년도에 47퍼센트, 2011년도에 85퍼센트로 최고점을 기록하고 그 이후에는 다소 하락하여 현재는 60퍼센트대에 머물러 있다. 한국의 개방도는 미국, 일본과 중국의 30퍼센트 이하 수준에 비해 매우 높은 편이다. 한국은 경제 대국 중에는 독일과 더불어 무역 의존도가 매우 높은 국가이다.

정부는 '수출입국'의 구호 아래 무역, 특히 수출을 증진하는 정책을 적극 시행하였다. 수출 기업에게 세금 감면, 금융 지원 등 각종 혜택을 부여했으며, 1970년에 마산에 수출자유지역을 설치하는 등 기본 인프라 제공에도 힘썼다. 수출 기업의 소재지를 한 지역에 집중해 놓으면 집적의 경제economies of agglomeration를 극대화할 수 있다. 한국무역협회KITA, 수출입은행, 무역보험공사, 무역투자진흥공사KOTRA 등의 공공 기관을 설립하여 수출 기업을 다각도로 지원하였다. 그 외에도 매년 수출 실적이 좋은 기업을 선정하여 수출탑을 시상하는 등 다양한 수출 장려 정책을 시행하였다. 1974년에 현대중공업이 '1억불 수출탑'을 최초 수상하였다. 2022년에는 삼성전자가 '1,200억불 수출탑'을 수상하여 역대 최고 기록을 세웠다.

기업도 정부의 수출 드라이브 정책에 호응하여 무역에 적극 나섰다. 재벌 그룹은 계열사의 무역 업무를 총괄하기 위해 종합상사를 운영하였다. 종합상사는 재벌의 대정부 창구 역할을 담당하였다. 1975년부터 정부는 '종합무역상사 지정제도'를 시행하여 대기업의 무역을 일괄 관리하였다. 이 제도는 2009년에 폐지될 때까지 한국 대기업의 무역 증진에 크게 기여하였다. 현재까지 존속하고 있는 7대 종합상사는 포스코 인터내셔널, 삼성물산, 현대종합상사, SK네트웍스, GS글로벌, LG상사, 효성 무역부문 등이다.

자유무역은 다자주의multilateralism가 원칙이나 실제로는 타결되기가 어렵기 때문에 소수의 국가끼리 관세를 철폐하고 무역 장벽을 낮추는 자유무역협정FTA을 체결하는 경우가 많다. 미국, 멕시코, 캐나다 사이의 북미자유무역협정NAFTA이 대표적인 사례이다. 한국 최초의 FTA는 2004년에 칠레와 체결된다. 한국에서 지리적으로 가장 멀리 떨어진 칠레와 협정이 체결된 이유는 양국의 무역구조가 상호 보완적이기 때문이다. 한국은 칠레로 공산품을 수출하고 칠레의 농산품을 수입함으로써 상호 이익이 극대화될 수 있다. 인접 국가나 무역 의존도가 높은 국가와 바로 FTA를 체결하는 데에 따르는 부담도 이유의 하나라고 한다. 2022년 현재 한국은 세계 59개국과 21건의 FTA를 체결하였다. 2012년에 체결하고 2018년에 개정한 한미 FTA는 양국 간의 무역을 증진하는 데에 큰 효과를 나타내고 있다.

외환정책도 수출 기업에 유리한 방향으로 시행되었다. 한국 통화와 외국 통화, 특히 미국 달러와의 교환 비율이 국내 기업의 수출 경쟁력에 미치는 영향은 매우 크다. 기본적으로 국내 통화의 평가절하정책이 지속적으로 시행되었다. 원화 가치를 평가절하하면 수출품의 대외 가격이 하락하므로 수출이 촉진된다. 물론 수입품의 가격은 비싸지므로 수입을 줄여서 경상수지를 개선하는 효과도 발생한다. 그러나 수입품 가격 상승으로 소비자물가가 상승하므로 인플레이션을 유발할 수 있다. 특히 원유 가격의 상승으로 소비자들의 부담이 커지게 된다. 그럼에도 불구하고 수출 기업의 대외 경쟁력을 높이기 위해 대부분의 개발도상국은 국내 통화가치를 되도록 낮추려고 한다. 고정

환율제도가 시행되는 시기에는 한국과 미국 정부 사이의 협상으로 환율이 고정되었다. 자유변동환율제도가 채택된 이후에도 한국 정부는 외환시장에 개입하여 환율에 영향을 미칠 수 있다. 미국은 환율 조작국 지정제도를 통해 개발도상국의 지나친 평가절하 움직임을 방지하고자 한다. 다행히 한국은 미국과 우호 관계를 유지하였으므로 원화의 평가절하가 크게 문제가 된 적은 없다.

개발 초기에는 자본 유출을 엄격히 통제하였다. 원자재 구입에 반드시 외환이 필요하므로 외환 사용을 줄이도록 규제하였다. 국제수지 흑자가 지속됨에 따라 지금은 외환 보유고가 4,000억 달러 이상으로 증가하였다. 1980년대 이후에는 세계적인 자유화 추세에 따라 자본 자유화가 순차적으로 진행되었다. 외국은행의 국내 지점 설치가 늘어나고 주식시장을 외국인에게 개방하는 조처가 1992년에 단행되었다. 1994년에는 채권시장도 외국인에게 개방되었다. 그 결과로 유가증권시장의 외국인 지분율은 지속적으로 상승하여 2009년에 최고치를 기록하였다. 그 이후에 다소 하락하였지만 2022년에도 31.8퍼센트를 차지하고 있다.

급속한 자본 자유화의 진행은 한국경제에 씻을 수 없는 고통을 주기도 했다. 1997년 말에 발생한 외환위기는 자유화 조처의 무리한 추진에 따른 부작용이기도 했다. 급격한 자본 유출로 원화 가치는 폭락하였다. 부실 기업과 부실 금융기관의 도산과 통폐합, 정리해고로 실업자 폭증, 고금리 등 우리 국민은 전례 없는 고통에 시달리게 되었다. 다행히 IMF의 구제 금융 제공과 혹독한 구조개혁 등 뼈를 깎는 노력으로 예상보다 훨씬 빠르게 위기에서 벗어나게 되었다. 1998년도 경제성장률이 -5.1퍼센트였으나 그 이듬해인 1999년에 11.5퍼센트, 2000년에 9.1퍼센트로 정상 수준을 회복하였다. 외환위기의 원인은 복합적이므로 자본 자유화만이 유일한 원인이라고 말할 수는 없다. 금융시장의 낙후성, 대우, 한보 등 재벌 기업의 과다 부채 등도 위기의 원인을 제공하였다.

금융발달

금융은 스스로 부가가치를 창출하는 역할 외에 경제의 하부 구조로서 실물 경제의 성장을 촉진하는 역할을 한다. 엄격히 평가하면 금융이 한국의 경제성장에 주도적 역할을 했다고 보기는 어렵다. 금융은 제조업 등 산업 발달을 지원하는 도구로 활용된 측면이 크다.

기업에 싼값의 자금을 공급하기 위해 인위적인 저금리 정책이 시행되었다. 정부의 저금리 정책의 성과에 대한 평가는 갈린다. 금융억압가설financial repression hypothesis에 따르면 저개발국이 주로 채택하는 저금리 정책은 성장에 부정적인 영향을 미친다고 한다.[25] 금리 자유화를 통해 금리 상승을 유도함으로써 저축과 투자를 촉진하고 자금의 효율적 배분을 추구하는 것이 더 낫다는 주장이다. 그러나 거의 모든 개발도상국은 기업 활동을 촉진하기 위해 정책적으로 낮은 금리를 선호한다. 한국도 예외는 아니어서 정책금융의 이자는 매우 낮았다. 그 결과 공금융시장의 저금리와 사금융시장의 고금리가 공존하는 이중 구조가 발생했다. 공금융권에서 조달한 자금만으로 부족한 대기업은 사채시장curb market에서 자금을 차입하였다. 사채시장의 실질금리는 1960년대에는 20 내지 50퍼센트로 매우 높았으며, 1970년대에 들어서도 10퍼센트 이상이었다. 당시 정책금융의 실질금리는 마이너스일 정도로 매우 낮았으므로 사금리와 공금리의 차이가 매우 컸다. 늘 자금 부족에 허덕이던 대기업의 사주들은 사채시장의 큰손들에게 머리를 조아리며 자금을 차입하려고 애썼다. 1972년 8월에 전격 시행된 '8.3 사채동결정책'은 지금은 상상할 수 없을 정도의 심각한 사유재산권의 침해로 해석할 수도 있다.[26] 상당수의 소액 사채 투자자들은 정부의 긴급 조처로 큰 손실을 감수하여야 했다. 사채를 동결하고 차입자들의 신고를 받아 보니 사채 총액이 총여신액의 30퍼센트에 달할 정도로 그 규모가 컸다. 사채 금리의 인하와 상환 유예로 부채가 많은 대기업에게 상당한 혜택

---

25 McKinnon, *Money and Capital in Economic Development*, 1973. Shaw, *Financial Deepening in Economic Development*, 1973.

26 정식 명칭은 '경제의 안전과 성장에 관한 긴급 명령'이다.

을 준 것은 사실이다. 이 조처는 중화학공업 육성정책과 함께 오늘날 거대 재벌 탄생의 계기가 되었다. 그러나 지하 금융이 제도권으로 흡수되어 금융시장의 정상화에 긍정적인 효과를 미친 점도 있다.

한국 정부는 금융을 산업정책의 수단으로 적절하게 활용하였다. 은행은 철저하게 기업 대출 위주로 자금을 운용하였다. 터너Turner는 일본과 한국이 경제개발 초기에 금융을 경제발전의 수단으로 적극 활용하였다는 점을 강조한다.[27] 한국의 정책금융 비중은 총대출액의 60퍼센트에 이르기도 했다. 일반은행의 기업대출 비중은 1995년도에 62.9퍼센트로 매우 높았다. 외환위기 이후에는 가계대출의 비중이 점차 커져서 기업대출은 2000년도에 60.7퍼센트, 2017년에는 48.7퍼센트로 하락한다.[28] 자본이 희소한 개발 초기에는 성장 효과를 극대화하기 위해 자금이 기업에게 주로 배분되었지만 점차 가계대출의 비중이 높아졌다.

금융발달을 측정하는 지표로 금융연관비율을 사용한다. 금융연관비율의 상승은 실물부문의 성장에 비해 금융부문이 더 크게 팽창했다는 것을 의미한다. 1975년도 금융연관비율은

---

27 Turner, *Between Debt and the Devil: Money, Credit, and Fixing Global Finance*, 2017 (부채의 늪과 악마의 유혹 사이에서, 2017).

28 한국은행, 『한국의 금융제도』, 2018.

2.62였으나 지속적으로 상승하여 2017년에는 9.54까지 상승하였다. 1996년도 주식시장에 상장된 기업의 수는 760개, 시가총액은 117.4조 원이었다. 최근 2022년도에 상장기업의 수는 2,437개로 늘었으며, 시가총액은 무려 2,082조 원에 달한다. 채권시장의 규모도 크게 증가하여, 2022년 현재 선진국 국채클럽이라고 불리는 세계국채지수WGBI 편입을 목전에 두고 있다. 발행된 채권 잔액의 변화를 보면, 2005년도에는 771.8조 원이었으나 2022년도에는 2,592.8조 원으로 커졌다.

급속한 경제성장과 함께 한국의 금융산업도 매우 빠르게 성장한 것은 사실이다. 그러나 질적 발전을 수반하지 않고 양적 팽창만 추구하다가 외환위기의 난관을 맞기도 했다. 특히 은행 등 금융기관이 위험 관리에 취약한 구조로 발전해 왔다. 정부의 산업정책 수단으로만 활용되었으므로 금융기관은 자체적으로 대출 심사 능력을 키우는 데에는 소홀했다. 외환위기 직후 거의 다 없어져 지금은 유명무실해진 종합금융회사들의 자금운용은 무모할 정도로 위험했다. 기업들도 고도성장 과정에서 과도한 부채를 지고 무리하게 사업을 확장하는 등 위험 관리에 소홀하였다. 경제 전반적으로 위험 관리에 실패한 결과, 1997년 말에 외환위기를 겪게 된다. 이 와중에 대우, 한보와 같은 굴지의 재벌 기업까지 도산하는 비극을 맞게 된다.

왕성한 기업가정신

기업가정신과 혁신이 자본주의 경제의 성장 동력이라는 슘페터의 주장에 대부분 동의한다. 아무리 좋은 기술과 충분한 노동력, 물적자본이 있어도 유능한 기업가가 없으면 이를 생산에 활용하여 부가가치를 창출할 수 없다. 기업가정신이 왕성해야만 경제성장이 가능하다. 한두 명의 기업가의 출현에 그쳐서는 안 되고 사회 전반에 기업가정신이 충만해야 경제성장이 가능하다. 한국은 개발 초기에 유능한 기업가들이 나타나 성장을 이끌었다.

전통사회에서는 태어날 때의 신분이 중요하다. 조선 시대와 일본 강점 기간에는 지주와 소작농 사이에 엄격한 구분이 있었다. 소작농의 신분으로 태어나서 부를 축적하기는 여간 어렵지 않았다. 해방 이후 1950년도에 시행된 토지개혁이 한국 사회에 미친 영향은 지대하다. 토지개혁으로 작은 자산이라도 소유하게 된 서민들은 자발적으로 중노동을 감수하고, 창의력을 발휘하였으며 높은 교육열로 성장을 이끌었다. 때를 같이 하여 한국에는 초창기 기업인들이 등장한다. 오늘날 세계적인 기업으로 발돋움한 삼성전자, 현대자동차의 모태가 이 시기에 시작된다. 초창기 기업가들은 단지 돈을 벌기 위한 목적보다 사업보국의 신념이 컸던 것으로 알려져 있다. 무리한 기업 확장, 정치권과의 결탁 등 탐욕의 화신처럼 보이지만 인재 육성, 장학사업 등으로 한국경제의 성장에 기여한 점도 많다는 점을 잊어서는 안 된다. 그동안 수많은 기업가가 등장하였지만 대표 인물로 이병철 씨와 정주영 씨를 언급하기로 한다.

초창기 대표 기업인으로는 가장 먼저 이병철 씨(1910-1987)를 들어야 한다. 이병철 씨는 경상남도 의령에서 부유한 지주의 아들로 태어났다. 1936년 정미소 창업을 시작으로 하여 1938년 삼성상회를 공동으로 창립하였다. 제일제당, 제일모직 등을 거쳐 삼성전자는 1969년에 설립되었다. 처음에는 소형 가전제품을 생산하다가 1983년 2월 '도쿄 선언'에서 반도체 사업 진출을 천명한다. 당시 한국경제의 수준에서는 다소 파격적으로 보였지만 최첨단 반도체산업에 뛰어들겠다는 선언을 공개적으로 한 것이다. 이병철 씨는 한국인들이 손재주가 좋다는 점에 착안하여 반도체산업에 진출하였다고 알려져 있다. 동양에서는 대부분 젓가락으로 음식을 집어 먹는다. 중국인과 일본인도 젓가락을 사용하는 것은 마찬가지이다. 그러나 한국인이 사용하는 젓가락이 가장 가늘고 짧다. 그만큼 섬세한 손동작이 필요하다. 그것이 이병철 씨가 반도체산업에 뛰어들겠다는 사운을 건 결단을 한 이유라고 한다. 삼성전자는 1992년 사업 진출 꼭 10년 만에 D램 생산 세계 1위에 오르는 쾌거를 거둔다.

후계자 이건희 씨는 1993년에 독일 프랑크푸르트에서 신경영 선언을 한다. "아내와 자식 빼고는 다 바꿔라"는 말은 지금도 회자될 정도로 유명하다. 기업가로서 세상의 변화에 빠르게 대응해야 한다는 의미로 해석된다. 이건희 씨 지휘 아래 삼성전자는 세계적인 반도체 기업으로 확고한 위상을 다지게 된다. 물론 자동차기업에 무리하게 투자하여 실패한 과오도 있었다. 오늘날 전기 자동차가 크게 주목받는 것을 보면 삼성이 자동차 분야를 접은 결정이 좀 성급하지 않았는가 하는 지적도 나온다.

정주영 씨(1915-2001)는 여러 면에서 이병철 씨와 비교된다. 강원도 통천군 아산리에서 가난한 집안의 장남으로 태어난 정주영 씨는 겨우 소학교(오늘날 초등학교)를 졸업하였다. 어린 나이에 가출하여 쌀가게에 취업하였다가 그 가게를 인수하게 된다. 그 후 자동차 수리공장을 시작으로 본격적인 기업 활동에 뛰어든다. 1946년에 현대자동차의 모체라고 할 수 있는 현대자동차공업사를 설립한다. 정주영 씨가 자주 했다고 알려진 말 중 기업가정신을 극명하게 나타내는 말이 있다. “임자, 해보기는 했어?” 무엇인가 시도하지 않고는 결실이 있을 수 없다. 기업가는 불확실성 속에서 이윤을 창출하기 위해 새로운 것을 시도하는 사람이다. 정주영 씨야말로 기업가의 표상이라고 볼 수 있다. 약간 과장된 면도 있지만 정주영 씨가 현대중공업을 설립할 자금을 차입하기 위해 영국의 은행과 협상한 일화는 전설처럼 내려온다. 영국의 은행이 대출을 주저하자 정주영 씨는 한국 지폐에 그려져 있는 거북선 그림을 보여 주며 한국이 세계에서 가장 먼저 철갑선을 건조한 국가라는 사실을 들어 강력히 대출을 요청했다고 알려져 있다. 어찌 보면 무모할 정도로 저돌적인 기업가정신을 보여 준 사례이다.

현대건설이 경부고속도로를 단기간에 완공한 사례도 기업가정신이 발현된 예로 볼 수 있다. 불과 2년 2개월의 기간에 저예산으로 공사를 마치다 보니 수많은 희생을 낳았다. 추풍령 터널을 뚫는 데에 77명의 사망자가 발생했다. 지금의 시각으로 보면 너무 야만적이고 무모한 강행군이 빚어낸 안타까운 희생이었다. 당시의 희생자를 추모하기 위한 위령탑이 금강 휴게소에 서 있다. 현대건설이 중동 건설 붐을 타고 사우디아라비아 등에서 도로나 항만을 건설할 때 보여준 한국인의 의지와 끈기에 관한 일화들도 전설처럼 전해진다. 정주영 씨는 현대자동차, 현대중공업, 현대건설 등 현대그룹을 일구어냈다.

이 외에도 락희그룹(현재의 LG)의 구인회 씨(1907-1969), 포항제철(현 포스코)의 박태준 씨(1927-2011) 등 많은 기업인들이 한국경제의 성공을 이끌었다. 물론 현대에 들어서도 새로운 기업가가 출현하고 있다. IT 업계에서 네이버, 카카오, 넥슨 등 신기업의 창업자들, 한류 문화를 주도하는 연예계 스타들을 키우고 관리하는 연예기획사의 경영자들, 특히 세계적인 명성을 자랑하는 방탄소년단BTS을 배출한 하이브의 방시혁 씨 등도 대단한 기업가라고 봐야 한다. BTS는 아미A.R.M.Y라는 팬덤 조직을 적절히 활용하여 세계적인 그룹으로 성장하였다. 이 역시 연예산업에서 처음 시도한 기업가정신의 발현이라고 볼 수 있다.

기업 조직

한국의 대기업은 '재벌chaebol'이라는 독특한 조직을 갖고 있다. 공정거래위원회는 매년 대규모 기업집단을 발표한다. 동일인이 2개 이상의 기업을 지배하며, 자산 규모가 10조 원 이상이면 소위 대규모 기업집단, 흔히 재벌이라고 한다. 삼성, 현대, SK, LG 등 재벌의 공과에 대해서는 논쟁이 매우 심하다. 재벌 조직이 한국경제의 성장에 어떤 영향을 미쳤는지를 정량적으로 평가하기는 쉽지 않다. 다만, 한국경제의 상황에서 효율적인 기업 조직 형태를 추구한 결과로 나타났다고 볼 수 있다. 낮은 비율의 지분을 가진 총수가 전 계열사를 지배한다는 점, 그리고 총수 자리를 자식에게 세습한다는 점 등에서는 비판의 대상이 된다. 그러나 한국의 재벌 체제가 기업의 효율적 경영에 상당 정도 기여한 것을 부정하기 어렵다.

비대칭적 정보의 존재는 시장에서 거래를 위축시키는 효과가 있다. 상대방에 대한 정보가 부족하다고 느끼면 누구나 거래에 주저하기 마련이다. 한국의 재벌 체제는 판매나 자금 조달 면에서 비대칭적 정보 문제를 완화하는 역할을 담당하였다. 유명 재벌 산하 기업은 정보가 잘 알려져 있으므로 상품 판매에 유리하고 자금 조달도 용이하다. 또한 동일 재벌 내 기업끼리 내부 시장을 활용할 수 있다는 장점이 있다. 인력 교류나 자본 조달을 재벌 계열사끼리 쉽게 공유할 수 있다. 대 정부 교섭에서도 재벌 체제는 효율적이다. 다만 재벌의 오너 경영 방식이 과연 최적인지는 의문이다. 전문가 경영과 오너 경영 중 어느 쪽이 더 효율적이냐의 문제는 쉽게 답을 내리기 어렵다. 그렇다 하더라도 한국의 경제성장에 대기업의 역할이 컸으며 한국의 대기업들이 채택한 재벌 체제가 기업 성장에 긍정적인 효과를 미친 점은 부인하기 어렵다.

재벌 체제는 경제 환경의 변화에 따라 앞으로 달라질 것으로 예상된다. 현대가의 분화, 락희 그룹에서 시작되었던 LG가 LS와 GS로 분리되는 현상 등을 들 수 있다. 기업은 생존을 위해 몸부림치는 존재이다. 효율적 경영을 위해서 기업 조직은 늘 변할 가능성이 있다.

문화

사람의 성격이 그의 성공 여부에 영향을 미친다는 주장이 있다. 그렇다면 한 나라 국민의 보편적 특성이 그 나라 경제성장에 영향을 미칠 수도 있지 않을까. 사람이 저마다 다른데 국민 전체의 특성을 일반화하는 것이 가능한가에 대해 비판도 있을 것이다. 송병락Song은 한국인의 특성으로 융합fusion, 유연성flexibility, 창의성creativity, 위험감수성향risk-taking, 그리고 회복성resilience을 들었다.[29] 또 한국인은 북방 기마 민족의 후예로서 역동성을 갖고 있다. 이러한 한국인의 민족성이 경제성장에 긍정적 영향을 미쳤다고 주장한다.

국민이 공유하는 정서나 태도가 경제에 영향을 미칠 수 있다. 개발 초기 시절 한국은 사실상 전통 농업사회를 갓 벗어난 수준이었다. 일제 강점기 동안 서구 문명의 영향을 조금 받았으나 여전히 전통 무속과 유교 문화에서 크게 벗어나지 못한 수준에 있었었다. 송병락은 유교 문화가 한국경제의 초기 성장에 긍정적인 영향을 미쳤다고 주장한다.[30] 동아시아 국가들이 경제성장에 성공한 이유를 문화적 요인에서 찾아보려는 노력은 일부 서구 학자들 사이에도 있었다.

유교의 교리는 '3강 5륜'으로 요약할 수 있다. 3강은 군위신강, 부위자강, 부위부강을 의미하고, 5륜은 군신유의, 부자유친, 부부유별, 장유유서, 그리고 붕우유신을 말한다. 이 중에서 군위신강, 즉 신하는 임금을 섬긴다는 유교의 교리는 경제성장에 긍정적 효과를 낼 수 있을 것이다. 오늘날 임금은 존재하지 않으므로 이를 회사 자체 또는 사장으로 해석할 수 있다. 직원들의 회사에 대한 충성심은 회사 발전의 동력이 된다. 한국의 많은 기업들이 기업 문화를 개선하고 사원들의 애사심을 고양

---

29 Song, *The Rise of the Korean Economy*, 3rd ed., 2003.

30 Song, *The Rise of the Korean Economy*, 3rd ed., 2003.

하려고 노력하는 이유도 거기에 있다. 군신유의, 즉 임금과 신하 사이의 의리도 비슷한 효과를 낳을 것이다.

장유유서, 즉 나이에 따른 서열 의식도 개발 초기에는 기업 경영에 일종의 기강으로 작동할 수 있다. 제조업에서 기강은 매우 중요한 덕목이다. 컨베이어 벨트를 따라 이동해 온 부품을 노동자가 각자 조립하는 경우를 보자. 한 명이라도 자기가 맡은 작업을 제대로 완수하지 못하면 불량품이 나온다. 장유유서는 나이를 기준으로 하지만 나이가 아닌 직위라고 해도 좋다. 조장의 지시에 따라 조원들이 일사불란하게 움직여야 제품을 제대로 완성할 수 있다. 위계질서를 강조하는 유교 문화가 제조업의 발전에 도움이 되었을 수 있다. 붕우유신, 즉 친구 사이의 신의가 있어야 한다는 윤리도 시장경제의 원활한 작동에 필요하다. 거래 당사자 사이의 신뢰를 기반으로 거래가 이루어지므로 신의가 있는 경제가 성장에 더 유리한 것은 분명하다. 유교는 '수신제가 치국평천하', 즉 개인의 수양을 통해 집안의 정비 및 국가의 발전과 안정을 도모하는 삶을 가르쳤다. 성공 의지, 출세욕, 입신양명의 욕구 등은 분명히 개인의 발전과 국가의 성장에 영향을 미쳤을 것이다.

기독교 문화가 서구 자본주의의 태동에 영향을 미쳤다는 베버Weber의 주장도 한국경제에 적용할 수 있다. 한국경제도 기독교 문화의 영향을 어느 정도는 받았다고 볼 수 있다. 기독교 신앙을 가진 기업인들의 경제적 기여가 컸다. 특히 북한에서 내려온 기독교 신자 기업인들의 활약이 자주 거론된다.[31] 기독교에서 강조하는 정직, 근면의 정신이 한국경제의 성장에도 도움이 되었다.

경제개발 초기에는 전통적 유교 문화와 서구에서 도입된 기독교 문화가 적절하게 작용하여 한국경제의 성장을 견인하였다. 그러나 세상이 변함에 따라 유교 문화의 영향력은 거의 소멸되고 있다. 전통 문화가 앞으로도 한국경제의 성장을 이끌지는 못한다. 당연히 새로운 시대에 걸맞은 새로운 문화가 요구된다. 4차 산업혁명을 겪고 있는 지금은 개인의 창의와 독립성이 오히려 더 중요할 수 있기 때문이다.

운: 알 수 없는 그 무엇

지금까지 경제성장 이론에 입각하여 한국경제가 성장에 성공한 이유를 다각도로 살펴보았다. 마지막으로 이론에서 포착하지 못한 부분에 대해서 조심스럽게 개진하고자 한다. 이 부분은 엄밀하게 학술적으로 검증되지는 않았지만 한 번쯤 생각해 볼만하다. 개인의 성공에도 노력과 재능 외에 운이 작용한다는 것을 부정하기 어렵다. 국가도 마찬가지로 통제할 수 없

31 유한양행을 설립하고 다양한 장학사업을 벌인 유일한 씨를 대표적인 사례로 들 수 있다.

는 무엇인가가 성장에 영향을 미칠 가능성을 배제할 수 없다.

먼저 2차 세계대전 이후의 세계 정세를 한번 되돌아볼 필요가 있다. 전쟁 중에는 미국과 소련이 한편이 되어서 독일과 싸웠다. 소련은 좀 늦게 참전하였으나 미국 편에 서서 독일군의 마지막 저항을 무너뜨리는 데에 일조한 것은 사실이다. 그러나 미국과 소련 사이의 체제 차이는 분명했다. 베를린을 분점한 이후 소련이 야욕을 드러내며 폴란드, 체코, 헝가리 등 동유럽 국가들을 공산화하자 미국은 소련에 대해 경각심을 갖게 되었다. 미국도 적극적으로 독일, 일본 등 패전국의 자본주의 시장경제체제 정착을 도우며 바야흐로 체제 경쟁 또는 냉전의 시대에 접어들게 된다.

유라시아 대륙의 동쪽 끄트머리에 위치한 한반도에서 발발한 한국전쟁(1950-53)은 체제 간 전쟁이었다. 대한민국을 돕기 위해 16개국이 전투부대를 파견하였고, 5개국이 의료 지원 방식으로 참전하였다. 미국이 대표하는 자유민주주의 체제 국가들의 위기감의 발로였다. 한국전쟁 이후에 미국은 자유민주주의 체제의 우월성을 입증하기 위해 한국의 전후 복구 및 경제성장에 큰 도움을 주게 된다. 물론 대한민국의 체제가 굳건하면 미국의 안보에도 도움이 될 것이므로 미국의 국익에도 부합한다. 베트남 전쟁(1960-1975) 참전도 한국경제의 성장에 영향을 미쳤다. 한미상호방위조약에 따라 한국은 1964년부터

1973년까지 10년 동안 전투부대를 파견하였다. 5,100여 명의 고귀한 생명이 희생되었고 11,000명 이상의 부상자를 낳았으나 참전의 대가로 미국으로부터 상당한 경제 원조를 받았다. 이는 경부고속도로 건설 등 초기 경제개발에 큰 힘이 되기도 했다. 미국 등 서구 선진국과의 관계가 우호적이었으므로 자금 유치, 기술 수입, 원자재 확보에 큰 어려움이 없었다. 지금도 한국은 체제 대결 과정에서 핵심축linchpin의 역할을 하고 있다. 한국의 지정학적 상황은 정치 경제 등 제반 분야에 깊은 영향을 미치고 있음이 분명하다.

미국은 전후 세계 총 GDP의 40퍼센트 정도를 차지할 정도로 초강대국이었다. 미국이 중심이 된 세계경제 질서는 브레튼우즈Bretton Woods 체제, GATT, WTO 등 자유무역의 추진, 자본 유출입의 자유화 등을 중심으로 작동하였다. 세계화의 추진은 부존자원이 부족한 한국에게 절호의 기회를 제공하였다. 무역을 통해 한국은 빈곤을 탈출하였고, 세계적인 경제 강국으로까지 발돋움하게 된다. 1989년 독일 통일, 1991년 소련의 분열 등으로 냉전 시대가 종식되고 바야흐로 초세계화hyper-globalization의 시대가 도래함에 따라 국제 무역이 더욱 활발해지고 자금의 효율적 사용이 가능해져서 한국경제는 마침내 선진국 수준으로 발돋움하게 된다.

또 하나의 행운은 일본, 중국 등과 수출 경쟁에서 어느 정도 벗어난 시기에 한국이 도약의 계기를 맞게 되었다는 점이다. 한국이 경제개발에 한창인 기간에 일본은 이미 어느 정도 성장을 달성하여 수출에 있어서 직접 경쟁 상대는 아니었다. 주력 수출 품목이 달랐기 때문이다. 또 중국이 부상하기 전에 한국이 저개발 수준을 벗어난 점도 다행이다. 중국은 1978년 말에야 개방과 개혁의 길을 걷게 된다. 이 시점에 한국은 이미 중화학공업을 시작했고 중국은 그때야 사회주의 체제에 시장경제적 요소를 도입하면서 경제성장의 첫걸음마를 시작하는 단계에 있었다. 2000년대에 들어서면 이미 중국은 세계 최대의 무역국으로 발전하여 현재는 세계 무역의 15퍼센트를 차지하고 있다. 만약 한국이 한창 성장할 당시에 중국이 경쟁 상대였다면 한국은 상당한 어려움을 겪어야 했을 것이다. 시장 규모 면에서 중국이 한국보다 훨씬 매력적인 투자처가 되었을 것이므로 세계 자본이 중국에 집중 유입되었을 가능성이 크다. 그런 상황에서 한국의 성장이 과연 가능했을지 가늠하기 어렵다. 이 또한 어느 정도는 행운이었다고 볼 수 있다.

물론 한국이 이겨내야만 했던 여러 가지 불운도 적지 않았겠지만 여기서는 주로 긍정적인 측면에서 행운만 언급하였다. 역사에는 가정이 없다는 말이 있다. 그렇지만 한국경제의 성장을 이론만으로 완전히 설명하기는 어렵다. 우리가 통제할 수 없었던 부분이 분명히 있었을 것이라는 생각을 완전히 배제하기 어렵다.

다섯 번째 장

한국경제의 과제와 전망

한국경제가 갑자기 몰락하는 경우는 상상하기 어렵다. 성장 요인이 충족되지 않아서 성장률이 급감해야 하는데 그런 일이 벌어지기는 쉽지 않다. 그러나 경제성장률이 지속적으로 낮으면 경제 내에 새로운 문제가 커질 수 있다.

1. 세계경제의 전망

한국은 세계경제의 일원으로 세계경제에 기여함과 동시에 세계경제의 한계 내에서 작동한다. 한국경제의 성장을 전망하고 성장을 촉진하는 정책의 기본 방향을 도출하기 위해서는 세계경제가 당면한 주요 문제에 대한 이해가 필요하다. 세계경제 환경은 매우 다양하고 복잡하여 간단히 기술하기는 쉽지 않으나 한국경제의 성장에 영향을 미칠 가능성이 높은 것들 몇 가지를 살펴보겠다.[1]

1 루비니(Roubini)는 최근 저서(*Megathreats: Ten Dangerous Trends That Imperil Our Future, and How to Survive Them*, 초거대 위협, 2022)에서 인류에게 불어닥친 10가지 위기를 초거대 위협이라고 정의하였다. 우리가 살펴보고자 하는 5가지 경제 환경의 급변 현상 외에도 과다 부채, 과다 유동성, 인공지능, 스태그플레이션 및 통화체제 붕괴 등을 주요 위협으로 거론하였다. 이 위협 중 몇 가지는 복합적으로 작용한다고 볼 수 있다.

성장 동력의 감퇴

세계경제의 성장률을 세계 GDP 총합의 증가율로 측정해 보면 최근 들어 하락이 명백히 드러난다. 세계경제 성장률은 1960년대에 5.33퍼센트, 1970년대에 4.04퍼센트, 1980년대에 3.06퍼센트, 1990년대에 2.82퍼센트, 2000년대에는 2.99퍼센트, 그리고 2010년대에는 3.16퍼센트였다. 지난 세기에 비해 2000년대에 들어서서 성장률은 하락하였다. 2020년에는 코로나 사태라는 특수한 상황이 발생하여 -3.07퍼센트를 기록하였고 2021년에는 기저효과로 6.02퍼센트로 급상승하였지만 2022년에 다시 3.08퍼센트로 하락하였다. 과거에 비해 세계경제의 성장률은 하락하는 추세를 보이고 있는 것 같다. 한국경제는 주로 무역에 의존하여 성장해 왔다. 국내 자원이 부족하고 국내 시장 규모가 작으므로 수출입을 통한 성장 방식을 고수하지 않고는 계속해서 성장하기 어렵다. 세계경제 성장률이 저하되면 한국경제의 성장 잠재력도 줄어들 수밖에 없다.

세계경제의 성장 둔화 이유를 선진국, 중진국, 그리고 빈곤국으로 구분하여 각각 살펴본다. 먼저 미국 등 선진국 경제의 성장 전망에 대한 비관적인 견해에 대해 경청할 필요가 있다. 고든Gordon은 기술 혁신이 경제성장의 원동력이라고 주장한다.[2] 1750-1830년 사이에 영국에서 발생한 1차 산업혁명은 주

2 Gordon, *The Rise and Fall of American Growth: The US Standard of Living*

로 증기 기관과 철도를 중심으로 나타난 기술 혁명이다. 2차 산업혁명은 1870-1900년 사이에 미국에서 발생하였으며 전기, 내연기관, 상수도, 실내 화장실, 통신, 오락, 그리고 석유화학 분야에서 나타난 기술 혁신을 의미한다. 3차 산업혁명은 1960년에서 최근까지 지속되고 있는 컴퓨터, 인터넷, 휴대폰 중심의 디지털 혁신을 말한다. 세 차례의 산업혁명이 견인한 250여 년 동안의 경제성장은 인류 역사에서 예외적인 사건이었다. 미국 남북전쟁 이후 1970년까지 약 100년간은 혁신의 세기라고 부를 수 있을 만큼 특별한 기간이었다. 고든은 앞으로는 이런 규모의 성장이 다시 발생하기는 어렵다고 예견한다. 성장이라는 배가 순조롭게 앞으로 나아가기에는 역풍이 만만치 않을 것이기 때문이다. 그는 미래를 낙관하지 못하는 이유로 인구구성의 변화, 교육의 미흡, 불평등 심화, 가계와 정부의 과다 부채, 그리고 세계화의 후퇴와 자원 환경 문제 등을 들었다. 쉬운 혁신은 이미 다 결실을 맺었다. 낮게 열린 과실은 이미 다 따 먹었다. 이제부터는 나무 위에 높이 열린 과실을 따야 하는데 이는 결코 쉽지 않을 것이라는 주장이다. 혁신이야말로 그동안 경제성장의 원동력이었는데, 앞으로 과거와 같은 혁신을 경험하기는 쉽지 않을 것이다. 4차 산업혁명이 논의되고 있지만 그는 생산성에 미치는 영향이 과거의 혁신처럼 강하지 않을 것으로 보고 있다.

---

since the Civil War, 2016 (미국의 성장은 끝났는가, 2017).

인구통계학demography의 관점에서 선진국의 미래 성장이 둔화될 것으로 예견한 학자로 볼라스Vollrath를 들 수 있다.[3] 그는 출산율의 하락으로 인구 증가율이 낮아져서 미래의 성장률은 결코 높을 수 없다는 점을 지적하였다. 주로 미국경제를 대상으로 분석한 내용이지만 이는 모든 선진국에 다 적용될 수 있다. 인구통계의 영향에서 자유로운 국가는 없다. 국가마다 약간의 차이는 있지만 모든 선진국이 출산율의 하락, 인구 증가의 둔화 현상을 공통으로 겪고 있다. 최근에 굿하트Goodhart와 프라단Pradhan도 지난 몇십 년간의 전 세계적인 경제성장 현상은 노동시장에 나타난 긍정적 충격 때문이라고 주장하였다.[4] 중국과 동유럽 국가들의 세계시장 편입, 베이비붐 세대의 노동시장 참가, 여성의 적극적 경제활동 참가 등 노동 총량의 증가와 세계화의 진척에서 비롯된 낮은 인플레이션이 높은 성장률의 주원인이었다. 그러나 코로나 시대 이후 세계경제는 정반대로 흘러갈 가능성이 높다. 인구 증가율의 하락, 반세계화의 역풍 등으로 과거와 같은 빠른 성장은 불가능해질 것이다. 심지어 중국까지도 인구 증가율이 낮아졌으며 고령화 사회로 들어서서 부양 비율이 크게 높아졌다. 장차 중국의 성장률이 낮아질 것은 분명하다.

---

3 Vollrath, *Fully Grown*, 2020 (성장의 종말, 2021).

4 Goodhart and Pradhan, *The Great Demographic Reversal: Ageing Societies, Waning Inequality, and an Inflation Revival*, 2020 (인구 대역전, 2021).

BRICS 등 신흥국의 성장이 지속될 것이냐는 질문에도 그렇게 긍정적인 답을 내리기 어렵다. 콜리어Collier가 지적했듯이 신흥국들이 중진국 함정에서 벗어나기는 쉽지 않다.[5] 대표적인 신흥국으로 중국의 경우를 보자. 중국의 1인당 소득은 2019년도에 1만 달러를 돌파하였다. 이는 세계 1인당 소득의 평균 정도에 해당한다. 코로나 사태가 발생한 2020년에 중국의 경제 성장률은 2.2퍼센트로 떨어졌고 다음 해인 2021년도에는 기저효과 덕분에 8.1퍼센트 성장을 기록하였으나 2022년에는 다시 성장률이 3.0퍼센트로 크게 떨어졌다. 앞으로도 과거와 같은 높은 성장을 지속하기가 쉽지는 않을 것이라는 전망이 우세하다. 인도, ASEAN 국가들, 남미의 국가들도 높은 성장률을 달성하지 못하고 있다.

저개발국의 성장 전망도 그리 낙관적이지는 않다. 아프리카, 서남아시아의 빈곤국들이 본격적인 성장 궤도에 들어서게 되면 이는 세계경제의 성장에 청신호가 될 수 있다. 그러나 현실은 그렇지 못하다. 빈곤국들이 빈곤 함정에서 벗어나지 못하는 이유에 대해서는 많은 논의가 있다. 이스털리Easterly는 『성장, 그 새빨간 거짓말』이라는 저서에서 빈곤국들이 제도나 체제 문제로 빈곤 함정을 쉽게 벗어나기 어렵다는 뼈아픈 지적을 했다.[6] 이는 삭스Sachs 등 진보적인 경제학자들이 제기하는 선

---

5 Collier, *The Bottom Billion*, 2008 (빈곤의 경제학, 2010).

6 Easterly, *The Elusive Quest for Growth*, 2002 (성장, 그 새빨간 거짓말,

진국의 원조 증가로 아프리카 국가들의 빈곤을 타개할 수 있다는 주장과 다르다.[7] 그동안 미국 등 선진국에서 상당한 정도의 원조와 차관을 제공했으나 본격적인 성장 궤도에 오른 빈곤국은 찾기 어렵다.

선진국, 중진국 그리고 저개발국 모두 미래의 성장 전망이 그리 밝지 않다. 세계 전체적으로 경제성장 전망이 낙관적이지 못하다는 점이 시사하는 바가 크다. 이는 무역 의존도가 높은 한국경제의 앞날에 결코 좋은 소식은 아니다.

세계화의 퇴조

2차 세계대전 이후 세계경제의 빠른 성장은 상당 정도 세계화에 힘입은 바 크다. 사실상 미국 주도의 세계화가 꾸준히 진행되어 왔다. 브레튼우즈 체제로 대변되는 달러 중심의 안정적인 국제금융체제와 관세 및 무역에 관한 일반협정GATT, 다자간 무역 협상을 추진한 우루과이 라운드 등 자유무역의 신장 추세에 힘입어 서방 국가들은 경제성장의 황금기를 경험한다. 상대적으로 뒤떨어졌던 공산 진영도 세계화에 합류함으로써 성장 대열에 합류하게 된다. 1990년대 들어서 소련의 몰락으로 대변되는 냉전 시대의 종식, 1995년에 세계무역기구WTO의

2008).

7 Sachs, *The End of Poverty: Economic Possibilities for Our Time*, 2005 (빈곤의 종말, 2006).

출범, 2001년 중국의 WTO 가입 등으로 세계화의 추세는 더욱 가속화되었다. 워싱턴 컨센서스Washington Consensus가 주도하는 무역과 투자의 자유화 흐름이 세계화의 주된 이념으로 확립됨에 따라 경제성장을 원하는 국가는 이에 반기를 들기가 어려워졌다.

그러나 최근에는 세계화가 퇴조하는 듯이 보이는 현상들이 나타나기 시작하였다. 2016년 영국의 유럽연합EU 탈퇴 결정, 즉 브렉시트Brexit 사건과 미국 우선주의 정책을 내세운 트럼프Trump의 대통령 당선은 명백히 세계화를 거스르는 현상이다. 모두 다 부결될 것으로 기대했던 영국의 EU 탈퇴는 이민자와 난민 문제를 둘러싼 국가주의의 영향으로 해석된다. 2021년에 실제로 영국은 EU를 탈퇴하였다. 2016년 트럼프의 당선은 소득분배 악화에 따른 자본주의 체제의 곪은 부분이 표출된 이변이라고 볼 수 있다. 그동안 세계화의 흐름 속에서 국가 전체적으로는 이득을 누린 것이 사실이나 특정 그룹은 상대적으로 손해를 입은 것도 부정할 수 없다. 그들의 단합된 표심이 트럼프를 당선시켰다고 보는 시각이 지배적이다. 2020년에 발발한 팬데믹 코로나 사태도 세계화의 흐름에 영향을 미친 사건이다. 세계적인 전염병의 발생으로 각국이 보호주의 정책을 강화하였다. 마지막으로, 2022년 러시아의 우크라이나 침공 사건 역시 자유무역주의의 추세를 꺾을 것으로 예상한다. 러시아로 대변되는 권위주의 체제 국가들과의 교역이 줄어들 것이 명백하다.

미국 정부는 대중 무역적자의 누적과 미국 내 일부 집단의 반발을 등에 업고 중국과의 교역에 제동을 걸고 있다. 반도체 칩과 전기 자동차를 둘러싼 미중 갈등은 세계화 추세에 타격이 될 것으로 보인다. 미국은 가치 공유 동맹의 강화를 내세워 중국 배제 의도를 드러내고 있다. 앞으로 글로벌 공급사슬의 블록화 등 분절된 세계화fragmented globalization 시대가 개막할 것으로 예상할 수 있다.

로드릭Rodrik은 저서 『자본주의 새판짜기』에서 초세계화hyper-globalization, 국가의 주권national sovereignty과 민주적 정책democratic policy의 세 가지 목표를 동시에 달성할 수 없다고 주장하였다.[8] 국가의 주권과 민주적 정책을 유지하며 얕은 세계화thin globalization를 현실적인 대안으로 추구해야 한다는 로드릭의 주장이 실제로 현실에서 실현되는 듯하다.

세계화의 퇴조는 무역 의존도가 높은 한국경제에 타격이 될 것으로 본다. 한국경제의 그간의 성장은 사실상 무역에 힘입은 바가 크다. 국제무역 환경의 변화는 한국에게 분명히 위협 요인이 될 것을 부정하기 어렵다.

---

8 Rodrik, *The Globalization Paradox: Democracy and the Future of the World Economy*, 2011 (자본주의 새판짜기, 2011)

체제 경쟁

1989년 독일의 통일과 1990년 소비에트 연방의 해체 이후 사실상 동서간의 체제 대결은 끝나는 것처럼 보였다. 미국의 정치학자 후쿠야마Fukuyama는 미국 등 서방 진영의 승리로 이념 경쟁이 종식되었다고 선언하였다.[9] 미국의 정치학자 헌팅턴 Huntington은 냉전이 종식된 이후 세계는 앞으로 이념 충돌보다 문명의 충돌이 더 중요해질 것이라고 예견하였다.[10] 2001년 9월 11일에 발생한 미국 내의 테러 사건은 그의 예측이 옳았음을 증명해 주는 것처럼 보였다.

그러나 최근 국제정치 현실을 보면 체제 경쟁은 결코 종식되었다고 보기 어렵다. 트럼프 정부 시절부터 확대된 미국과 중국 사이의 패권 경쟁은 사실상 체제 경쟁으로 볼 수 있다. 미국을 중심으로 하는 서방 국가들은 정치체제로는 자유 민주주의, 경제체제로는 자본주의를 채택하고 있다. 그러나 중국 등 몇몇 국가들은 권위주의 정치체제와 시장과 국가의 혼합형 경제체제를 지향하고 있어서 서방 세계와는 분명히 구분된다. 중국은 사회주의 체제를 포기한 적이 없다. 최근 들어 표면에 드러났을 뿐이지 사실상 체제 대결은 계속되고 있다고 봐야 한다.

---

9 Fukuyama, *The End of History and the Last Man*, 1992 (역사의 종말, 1997).

10 Huntington, *The Clash of Civilizations and the Reclaiming of World Order*, 1996 (문명의 충돌, 1997).

1949년에 사회주의 국가를 건국한 이후 마오쩌둥이 주도한 사회주의 경제체제는 대약진 운동(천리마 운동)에도 불구하고 수천 명이 아사하는 비극을 낳았다. 마오 사후 덩샤오핑 주도하에 1978년 말 중국은 시장을 개방하며 본격적인 성장의 궤도에 올라서게 된다. 2001년 WTO 가입이 기폭점이 되어 중국은 세계 역사상 그 유례를 찾기 어려울 정도의 빠른 성장을 실현하였다. 중국의 개방과 성장은 미국의 동의 또는 지지 하에서 가능했다. 덩샤오핑이 '죽의 장막'을 깨고 개방과 개혁의 변화를 시작한 것도 미국의 양해 없이는 불가능하였다. 미국은 어느 당이 집권하든지 중국에 대해 건설적인 관여constructive engagement의 명목 아래 관용적인 자세를 견지해 왔다. 그 결과 현재 중국은 '세계의 공장'이라고 불릴 정도로 세계 제조업의 중추 역할을 담당하고 있다.[11]

미국의 무역수지 적자와 중국의 무역수지 흑자는 글로벌 불균형global imbalance이라고 불리며 그 원인에 대해 쌍방의 논쟁이 치열하다.[12] 사실상 양국 정부는 이를 용인해 왔다고 봐야 한다. 퍼거슨Ferguson의 주장처럼 값싼 중국의 상품이 미국에 수입되고 중국은 무역으로 벌어들인 외화를 미국 채권을 매입

11 2022년에 전 세계 제조업 부가가치 중에 중국이 차지하는 비중은 30퍼센트에 달한다.

12 버난키(Bernanke) 등 서구 학자들은 중국의 과다 저축(saving glut)과 과소 소비, 그리고 중국 금융체제의 미발달 등을 원인으로 간주하고, 중국 측 학자들은 미국의 과다 소비를 원인으로 지목한다.

하는 방식으로 다시 미국으로 유입시킴으로써 그간 세계경제의 번영과 안정에 중추적 역할을 해왔다. 바야흐로 차이메리카 평화시대Pax-Chimerica가 성공적으로 펼쳐졌다.

중국의 부상이 어제오늘의 일은 아니다. 중국이 언제 미국을 추월할 것인가에 대해서 이미 많은 예측이 나왔다. IMF나 세계은행은 현재의 경제성장률이 미래에도 지속된다는 가정 아래 중국의 국내총생산이 조만간 미국을 추월할 것이라는 전망을 내놓았다. 구매력을 기준으로 하는 GDP는 중국이 2014년에 이미 미국을 따라잡았다. 자크Jaques는 중국이 그동안 서구 중심이었던 경제뿐 아니라 문화, 정치, 국제 질서까지 포함하여 세계를 크게 바꿀 것이라고 전망한다.[13] 최근 벤젤Benzell 등의 연구자는 생산성 증가율과 인구통계 변화를 주요인으로 설정하고 각국의 미래 성장률을 예측하였다.[14] 21세기 말경에 중국과 인도가 세계 톱 2의 경제 대국이 되지만 세계 GDP에서 중국이 차지하는 비율은 지금보다 하락할 것이라고 전망하며, 중국의 부상에 대해 다소 덜 낙관적이다.

중국의 성장이 앞으로도 지속될지에 대해서는 부정적인 의견도 있다. 현재 중국의 1인당 소득은 전 세계 평균 정도이다.

---

13 Jaques, *When China Rules the World*, 2009 (중국이 세계를 지배하면, 2010).

14 Benzell, "The Future of Global Economic Power", 2022, NBER.

지금부터가 문제이다. 중국이 중진국 함정을 빠르게 벗어날지는 알 수 없다. 맥마흔MacMahon은 중국경제가 부채에 과도하게 의존하였고 금융 시스템이 낙후되었다는 점을 들어 중국경제의 성장 잠재력을 높게 평가하지 않는다.[15] 로젤Rozell과 헬Hell은 중국의 후커우(호적) 제도에서 비롯된 도시와 농촌 사이의 격차를 문제시한다. 중국의 후커우 제도는 중국인의 신분과 거주지를 증명하기 위한 제도이다. 한국의 주민등록제도와 비슷하지만, 후커우의 이동을 현실적으로 거의 불가능하게 만들어서 주민의 거주지 이전을 통제하고 있다. 중진국 단계를 넘어 경제가 지속적으로 성장하기 위해서는 인적자본의 축적이 관건이다. 멕시코, 브라질, 남아프리카공화국 등은 인적자본의 축적에 실패하여 아직까지 중진국 함정을 벗어나지 못하고 있다. 반면에 한국과 타이완은 높은 인적자본 수준을 잘 활용하여 중진국 함정을 탈출하였다. 중국의 엘리트 교육은 세계 최고 수준이지만 농촌지역 노동자의 학력은 매우 낮다. 경제성장은 국민의 평균적인 노동생산성이 결정하므로 중국의 미래를 낙관하기 어렵다.[16] 중국의 고학력자들이 당면한 심각한 실업의 문제도 중국 교육 시스템의 문제점을 노정하고 있다.[17] 빠른 경제성장에 힘입어 공산당 일당 독재체제를 유지하고 있

---

15 McMahon, *China's Great Wall of Debt*, 2018 (빚의 만리장성, 2018).

16 Rozell and Hell, *Invisible China*, 2020 (보이지 않는 중국, 2022).

17 중국의 청년(16-24세) 실업률은 2022년에 20퍼센트에 달할 정도로 매우 높다. 미국의 청년 실업률은 6.5퍼센트로 중국과 비교된다.

지만 만약에 성장이 저조해지면 지금의 권위주의 정치체제를 유지하기 어려울 수도 있다. 시진핑Xi은 주석직의 세 번째 연임으로 중국의 권위적 정치체제를 더욱 공고히 했다. 앞으로 경제성장이 기대보다 저조하면 정치의 힘으로 돌파해 나가려고 할 것이다. 국민을 달래기 위해 국가주의를 전면에 내세울 가능성이 있다. 국가주의에 의존할수록 더욱 세계화에 역행하게 되고 이는 다시 중국의 경제성장 동력을 위축시킬 가능성이 있다.

한때는 중국의 성장이 세계경제 번영의 축이 되었으나 이제는 반대로 불안정을 야기하는 요인으로 대두되었다. 지금의 미중 갈등은 단순한 무역 전쟁이 아니라 패권 전쟁이다. 역사적으로 보면 세계의 패권 국가는 변해왔다. 최근 역사만 보더라도 포르투갈, 스페인, 네덜란드, 영국, 미국의 순으로 패권 국가는 바뀌어 왔다. 미국은 19세기 말부터 사실상 패권 국가의 지위를 차지하였다. 정치체제나 군사력에 있어서는 미국과 소련의 양강 체제가 대립한 적도 있었으나 경제력에 있어서는 미국이 초강대국의 지위를 한 번도 놓치지 않았다. 중국은 그동안 '도광양회', 즉 숨어서 몰래 힘을 기른다는 자세를 견지해 왔으나 이제는 '주동작위', 즉 적극적으로 자기 목소리를 내는 변화를 꾀하고 있다.[18] 단순한 추상적 슬로건인 '중국몽'을 넘어서서 '제조 2025' 등의 구체적인 목표를 제시하며 일대일로

18 Rozell and Hell, *Invisible China*, 2020 (보이지 않는 중국, 2022).

정책 등 확장정책을 추구하고 있다. 자국의 발전모델을 아프리카 등 저개발국에 이식하려는 의도가 드러난다. 미국도 중국의 움직임을 좌시하지는 않을 듯하다. 중국이 주도하는 국가 자본주의의 성공을 미국의 자유 시장경제 체제를 위협하는 불안 요인으로 받아들이는 것 같다. 앨리슨Allison은 '투키디데스의 함정'을 들어 양국의 패권 경쟁이 무력 충돌로 번질 가능성을 조심스럽게 예단하였다.[19]

세계화 시대를 벗어나 미국과 중국이 분리되려고 하는 움직임은 세계경제에 엄청난 충격을 줄 수 있다. 양 체제를 모두 포함하는 글로벌 가치사슬이 분리될 가능성이 커졌다. 반도체 산업을 둘러싼 첨예한 갈등에서 볼 수 있듯이 체제에 따라 가치사슬이 블록화될 가능성도 점쳐지고 있다. 경제적 효율성보다 이념적 요인이 국제 교역에 영향을 미칠 수도 있다. 교역에 있어서 우방국 우대, 가치 동맹, 프렌드쇼어링friend-shoring 등의 움직임이 노골화되고 있다.

지금 벌어지고 있는 미중 갈등이 과거 냉전 시대의 미국과 소련 사이의 문제처럼 극단으로 치닫지는 않을 것으로 예상한다. 예전에는 1990년대 초 소련의 붕괴로 끝을 맺었다. 미국과

---

19 Allison, *Destined for War: Can America and China escape Thucydides' Trap?*, 2017 (예정된 전쟁, 2018). 투키디데스의 함정이란 그동안의 역사를 보면 신흥국이 패권 국가에 도전하는 과정에서 무력 충돌이 발생했다는 사실을 의미한다.

소련은 군사적 대립까지 불사할 정도로 치열하게 대립했으나 경제적인 관계는 깊지 않았다. 지금의 미국과 중국은 경제적으로 상호 의존적이다. 극단 대립은 양쪽에 다 막대한 손실을 초래한다. 양측이 자국의 주권만 내세우고 서로 협력하지 않으면 지구 환경 보호나 전염병 예방과 같은 공동선common good을 달성하기는 더욱 어려워진다. 협조적인 경쟁cooperative rivalry을 지향해야 한다. 어떻게 해서든 양 진영이 합의하여 규칙 기반의 질서rules-based order를 정립해야 한다는 주장에는 모두 공감한다. 다만 어떤 규칙에 동의할 것인가는 쉽게 합의하지 못하고 있는 실정에 있다.

미국과 중국의 대립 사이에서 한국이 어떤 입장을 취해야 하는가는 현재 우리가 당면한 크나큰 고민거리이다. 현재 한국의 무역 상대국 1위는 중국, 2위는 미국이다. 수출, 수입 모두 중국이 미국보다 더 중요한 나라가 되었다. 그러나 군사동맹은 미국과 맺고 있으며 정치 경제 면에서 추구하는 가치는 미국과 더 가깝다. 물론 양자택일의 문제는 아니다. 적정한 수준에서 양다리를 걸쳐야 한다. 정치적 지향점을 무시할 수는 없지만 경제적 득실 역시 고려하지 않을 수 없다. 미국과 중국의 갈등이 세계화를 파탄 내는 수준까지 진행되지는 않을 것이다. 양국이 모두 손해 보는 것이 명확하기 때문이다. 그래도 미중 갈등에 따른 탈세계화의 추세가 앞으로 한동안 한국경제의 성장에 큰 부담으로 작용할 것이 분명하다.

환경 보호와 자원 보존 압력

이 시대의 가장 중요한 사회 경제 문제로 환경 문제를 꼽지 않을 수 없다. 지구 온난화 또는 기후 변화라고 일컫는 환경 문제는 현세대의 모든 국가가 당면한 가장 중요한 과제가 되었다. 환경 보호에 따르는 비용 문제를 들며 지나친 환경 보호 움직임을 비판하는 환경 회의주자들의 주장에 더 이상 귀기울이기는 어려운 상황이 되었다.[20] 2014년에 발간된 기후 변화에 관한 정부 간 협의체IPCC 5차 보고서는 지구 표면 기온이 산업화 이전에 비해 섭씨 0.85도 상승했다고 발표하였으나 2023년 6차 보고서에서는 1.09도 상승한 것으로 보고되었다. 지구 온난화의 빠른 진행 속도에 대해 모두 다 경계하지 않을 수 없다.

환경은 기본적으로 국제 문제이다. 중국에서 발생한 황사는 한국의 환경에도 영향을 미친다. 환경 보호라는 지구 전체의 공동선을 달성하기 위해서는 국가 간 공조가 필수적이다. 그런 취지에서 교토의정서(1997)와 파리 협정(2015)이 추진되었다. 파리 협정에서는 지구 기온이 산업화 이전에 비해 섭씨 1.5도 이상 높아지지 않는 범위에서 회원국들이 각자 노력하기로 약

20 대표적인 환경 회의주자인 롬보르(Lomberg)는 환경 보호에 들어가는 기회비용이 적지 않으므로 정책의 속도를 조절해야 한다는 주장을 한 바 있다. Lomborg, *The Skeptical Environmentalist Measuring the Real State of the World*, 2001 (회의적 환경주의자, 2003).

정하였다. 환경 문제에 대한 대응은 기본적으로 다자주의 접근이 필요하다. 몇몇 국가가 화석 연료의 수요를 감축하더라도 화석 연료의 가격 하락 때문에 다른 국가들의 수요가 더 늘어나게 되면 전체 사용량이 줄어들지 않을 수 있기 때문이다. 되도록 많은 국가가 화석 연료의 수요 감축에 동참해야 총사용량이 줄어들게 된다. 그러나 중국, 인도 등 신흥국들이 쉽게 따르지 않고 있으며 미국마저도 미온적인 태도를 보이고 있다. 기후 변화에 대한 적극적 대응은 이제 막 산업화를 시작한 저개발국들 입장에서는 성장의 방해 요인으로 인식될 수 있다. 이미 산업화된 국가들의 '사다리 걷어차기' 아니냐는 반발이 나올 수 있다. 또한 적도 근방의 저개발국들은 기후 변화로 농경지가 황폐해져 직접적인 피해를 입었다고 주장한다. 그동안 성장해 온 선진국들이 지구의 환경 변화에 도덕적 책임이 있다는 주장도 일리가 있다. 저개발국이 살기 어려워지면 미국이나 EU로의 이민 요구가 강해지며 불법 이민의 가능성도 커지므로 선진국도 기후 변화를 늦추어야 할 필요성에 공감한다.

환경은 공동선의 특성을 지니고 있다. 좋은 환경은 모두에게 긍정적인 영향을 미친다. 그러나 사익과 공익의 불일치 때문에 환경 보호는 쉽지 않다. 쓰레기가 없는 깨끗한 환경은 모두가 바라는 바이다. 그러나 때로는 그냥 훼손하는 것이 개인에게는 더 이익이 되기도 한다. 공동선을 달성하기 위해서는 사익과 공익을 일치시키는 정책이 필요하다. 지구 온난화의 주범이라고 하는 온실가스의 배출을 줄이기 위한 정책으로 탄소세 carbon tax가 많이 거론된다. 생산과정에서 이산화탄소를 발생시키는 재화에 세금을 부과하자는 것이다. 이는 재화 가격의 상승을 가져오므로 기업들에게는 부담이 된다. 모든 국가에 탄소세를 부과하도록 강제하기는 어렵다. 실제로 미국, 중국, 인도 등 거대 탄소 배출국이 아직도 탄소세를 채택하지 않고 있다.[21] 미국의 인플레이션 감축법Inflation Reduction Act도 명목만 전기 자동차, 배터리 등 재생가능 자원에 대해 보조금을 지급하는 환경 보호 법안이다.

환경 오염의 외부효과를 절감할 수 있는 혁신적인 아이디어로 최근에 탄소 국경세carbon border tax가 논의되고 있다. 환경 보호에 적극적인 유럽 국가들이 이를 적극 찬성하고 있다. 수입품의 환경 오염 정도에 따라 일종의 관세를 부과하자는 주장이다. 환경을 오염시키는 생산 방식으로 생산된 재화를 타국에 수출하면 높은 관세가 부과되어 가격이 높아진다. 그만큼 수출하기가 더 어려워진다. 따라서 환경 보호에 소극적인 국가에게 불이익을 주는 결과를 낳게 된다.

---

21 1990년대 초반 스웨덴, 덴마크, 핀란드, 노르웨이 등 스칸디나비아 국가를 시작으로 하여 2018년 현재 세계 25개의 국가 내지 지역만 탄소세를 채택하고 있다. 탄소세의 크기도 국가마다 차이가 크다. 스웨덴의 경우에 탄소 1톤당 139달러로 매우 크며, 폴란드, 우크라이나 등은 1달러도 안 될 정도로 작다.

지구 온난화 현상을 최대한 줄이기 위해서 환경 보호를 위한 규제의 강화가 불가피하다는 것은 자명하다. 다만 한국경제의 성장에 미칠 영향을 우려하는 것이다. 한국은 2019년도 기준 국가별 이산화탄소 배출량 순위가 9위에 랭크되어 있다.[22] 탄소 국경세가 도입되면 무역을 기반으로 하는 한국경제에는 단기적으로 큰 타격이 될 수 있다.

환경 보호 못지않게 중요한 과제는 유한한 자원의 고갈을 지연하는 일이다. 1972년에 발표된 로마클럽 보고서가 준 충격은 매우 컸다.[23] 현재의 공업화 속도와 인구 증가가 지속되면 지구상 대부분의 자원이 곧 고갈되어 인류는 성장의 한계에 도달할 것이라는 예측이었다. 로마 보고서는 2000년을 기준으로 석유의 잔존 수명은 50-80년, 천연가스는 160-310년이라고 추정하였다. 지구의 자원 부존량이 유한하다는 가정 아래 현재의 성장률을 유지하면 자원의 고갈 시점이 멀지 않았다는 것이다. 물론 그들의 예측이 정확하지는 않았다. 자원의 고갈이 두드러지게 나타나지는 않았다. 2004년도 개정판 『성장의 한계』에서는 기존 입장을 견지하면서 지속가능성sustainability의 중요성을 강조하였다.[24]

---

22 1위 중국, 2위 미국, 3위 인도, 4위 러시아, 5위 일본 순이다.

23 Meadows, *The Limits to Growth: A Report for the Club of Rome's Project on the Predicament of Mankind*, 1972.

24 Meadows and Randers, *Limits to Growth: The 30-Year Update*, 2004 (성장의 한계, 2012).

최초의 예상과 다르게 자원 고갈은 금방 나타나지 않았다. 사람들의 경제적 동기에 의한 반응을 고려하지 않은 예측이었기 때문이다. 자원 가격이 상승하면 자원에 대한 수요가 감소한다. 또 공급 측면에서도 새로운 자원의 발굴, 자원 사용 방법의 개선 등으로 공급량이 늘어난다. 1982년의 2차 석유 파동 이후에 원유 가격은 배럴당 10달러에서 130달러 사이에서 변동하였다. 추세적인 상승이라기보다는 그때그때의 공급 상황이나 경기의 영향을 받아 변동하였다. 석유 산유국 수도 대폭 늘었다. 1960년에 5개국으로 시작한 원유수출기구OPEC는 현재는 13개국으로 확대되었다. 2016년에는 러시아, 멕시코 등 비회원국을 포함하여 OPEC+를 결성하였다. 원유 시장에 나타난 가장 큰 변혁은 셰일가스의 활용이다. 미국, 러시아 등 세계 각지에 매장되어 있는 셰일가스는 인류가 적어도 60년 이상 사용 가능하다고 한다. 2000년대 들어 미국에서 수압 파쇄법이 상용화되어 셰일에서 석유나 천연가스를 추출할 수 있게 되었다. 자원 가격의 상승에 따라 새로운 대체 자원이 개발되었다. 석유, 석탄 등 기존 에너지원의 고갈이 염려됨에 따라 원자력, 풍력이나 태양광 등 새로운 에너지원을 개발하게 되었다. 2020년도 세계 발전 에너지원의 구성을 보면 석탄(35퍼센트), 천연가스(23퍼센트)의 비중이 아직도 높으나 수력(17퍼센트), 원자력(10퍼센트), 풍력(6퍼센트) 등으로 다양해졌다.

최초에 로마클럽 보고서가 예측한 것보다 자원 고갈 속도가 빠르지 않은 것을 보면 아주 비관적이지는 않다. 그래도 자원 부존량이 무한한 것은 아니다. 또한 자원 사용 방식은 환경에도 영향을 미친다. 화석 연료를 덜 쓰면 자원 보존과 환경 보호를 동시에 달성할 수 있다. 한국은 부존자원이 매우 부족하여 원자재를 대부분 수입에 의존하고 있다. 한국의 수입품 1위는 원유이다. 2021년도 한국의 원유 수입액은 중국, 인도에 이어 세계 3위에 해당한다. 한국은 자원 가격의 변동에 크게 영향을 받는 구조를 벗어나기 어렵다. 실제로 러시아가 우크라이나를 침공하자마자 원유 가격과 곡물 가격이 상승하였고 이는 곧바로 한국경제에 영향을 미쳤다. 앞으로도 세계적인 자원 사용 방식과 사용 속도는 한국경제의 중요한 제약 요소로 작용할 것이다.

2. 한국경제의 성장 전망

한국경제의 성장 둔화 추세는 명백하게 드러난다. 10년 단위로 나누어 볼 때 한국경제의 연평균 성장률은 계속 하락하고 있다. 1970년대는 10.5퍼센트, 1980년대는 8.9퍼센트, 1990년대에는 7.3퍼센트, 2000년대에는 4.9퍼센트, 그리고 2010년대는 3.3퍼센트로 하락하는 추세가 뚜렷하다. 연도별로 기복이 있지만 최근으로 올수록 하락 추세인 것은 분명하다. 하락 추세가 앞으로 어느 정도 지속될지는 불확실하다. 중요한 점은 최근의 성장률 하락이 일시적이 아니라 추세적인 현상이라는 점이다.

앞 장에서 한국경제의 성장 원인을 경제이론의 관점에서 분석하였듯이 미래의 성장 가능성도 엄격한 이론의 관점에서 예측해야 한다. 한국경제의 성장은 경제이론이 그동안 밝혀낸 성장요인을 대부분 충족하였기 때문에 가능했다. 앞으로 이 성장요인을 제대로 충족되지 못하면 당연히 성장도 정체될 것으로 예상할 수 있다. 경제성장 이론에 따르면, 경제성장률은 생산요소의 투입 증가율, 기술 수준과 효율성 수준이 영향을 미치는 생산성 수준이 결정한다. 한국의 경제성장은 충분한 생산요소의 투입과 기술 발전 및 효율적인 체제에 힘입은 바가 크다. 그러면 최근의 한국경제 상황은 어떠한가. 성장요인을 어느 정도 충족하고 있는가를 자료를 이용하여 하나씩 점검해 보기로 하자.

생산요소 투입 증가율의 둔화

성장 둔화의 이유로 가장 먼저 생산요소 투입 증가율의 하락을 들 수 있다. 노동 투입의 감소는 우려될 정도로 심각하다. 노동자 1인당 노동 시간이 급감하였다. 2007년도 노동자 1인당 노동 시간은 월 188.8시간이었다. 그러나 2022년 월 노동시간은 154.9시간으로 감소하였다. 물론 선진국이 될수록 노동

시간이 감소하고 여가 시간이 증가하는 것은 자연스러운 현상이다. 그러나 여가의 가치를 GDP에 포함하지 않는 현재의 통계 측정 방식에 따르면 노동 투입량 증가율 하락은 성장률 하락의 첫 번째 원인이 될 수밖에 없다. 노동자가 누리는 여가가 증가했다는 엄연한 사실은 일단 제쳐 두고 경제성장에 미친 효과만 평가한 것이다. 물론 프랑스, 미국 등 선진국에 비하면 아직도 노동자의 평균 노동 시간은 길다. 노동 시간의 감축은 노동자의 후생 증진에는 더 긍정적일 수도 있다. 여기에서는 노동 시간의 감소 때문에 생산 증가가 둔화되었다는 점을 지적했을 뿐이다.

노동 투입시간 외에 노동의 질이 생산에 미치는 영향은 매우 크다. 기술 발전에 따라 단순 노동 시간이 큰 의미가 없는 세상이 되었다. 과거에는 높은 인적자본 수준이 한국경제의 성장을 견인하였다. 그러나 이제는 인적자본 축적 속도의 저하를 걱정하지 않을 수 없다. 인적자본 수준을 정확히 측정하기는 매우 어렵다. 노동자 개개인이 보유한 지식과 기술 수준을 정량 측정하는 것은 쉽지 않다. 대용 변수로 짐작할 수밖에 없는데, 대개 학교 진학률을 이용한다. 특히 고도화된 산업사회에서는 인적자본의 지표로 대학 진학률이 많이 이용된다. 대학 교육을 통해 노동자의 인적자본이 커진다고 보는 것이다. 한국 청년의 대학 진학률은 세계적으로 높은 수준이다. 대학 진학률만 보면 한국 노동자의 인적자본에 대한 투자 의욕은 세계적으로 높다고 평가할 수 있다. 그러나 노동의 질을 결정하는 교육의 질이 높은가에 대해서는 의문을 표하지 않을 수 없다. 한국의 대학 교육은 교양 교육 수준에서 크게 벗어나지 않았다. 매년 세계 대학 순위를 발표하는 QS 순위 2022에 따르면 전 세계 탑 100개 대학교 내에 한국 대학교는 6개가 포함되었다.[25] 이는 한국 대학 교육의 실제 수준을 말해 주는 하나의 지표로 볼 수 있다. 미국이 가장 많은 26개, 중국이 홍콩 포함하여 11개, 일본이 5개를 차지하고 있다. 탑 수준에서 보면 서울대학교가 36위, KAIST가 41위로 중국의 칭화대학(17위), 베이징대학(18위), 그리고 일본의 도쿄대학(23위), 교토대학(33위)에 비하면 다소 뒤진다. 대학 진학률이나 교육 시간 기준으로 한국이 부족하다고 보기는 어렵지만 질적 기준에서는 만족스럽지 못하다. 노동의 양적 투입량이 줄어든 대신에 노동의 질이 개선되면 생산에 미치는 마이너스 효과를 상쇄할 수 있다. 그러나 과거에 비해 노동 시간이 감소한 대신에 노동의 질이 크게 개선되었다고 평가하기 어렵다. 노동의 질을 고려한 노동 총투입량의 감소는 성장의 둔화를 가져온다.

자본의 한계생산 체감의 법칙에 따르면 경제가 성장할수록 투자의 생산 증가 효과가 줄어드는 것은 불가피하다. 그러나 물적자본의 투입 감소는 분명히 경제성장의 둔화 요인이다. 최

25 영국의 글로벌 대학평가기관인 QS(Quacquarelli Symonds)가 매년 세계 대학평가(QS World University Rankings) TOP 100을 발표한다.

근에는 저축률과 투자율의 하락 때문에 물적자본의 축적이 저조하다. 한국의 저축률은 과거에 비해 크게 하락하였다. 가장 높았던 1988년도의 저축률은 41.2퍼센트에 이르렀으나 2022년도 저축률은 32.9퍼센트에 불과하다. 저축률 하락의 원인으로 고령화를 들기도 한다. 일반적으로 장년기의 저축률이 높고 유년기와 노년기의 저축률이 낮다고 한다. 고령 인구 비율이 높아지면 평균 저축률이 낮아진다. 과거에 한국의 가계 저축률이 높았던 이유 중 하나는 은행으로부터 가계대출을 받기 어려웠기 때문에 주택을 매입하기 위해서는 스스로 저축을 할 수밖에 없었다는 점도 있다. 최근에는 금융권의 주택담보대출 제도가 활성화되어서 개인 저축이 부족해도 주택의 매입이 가능해졌다. 개인이 금융자산의 축적 대신에 주택과 같은 실물자산의 축적으로 저축하는 경향이 커졌다. 이는 주택가격의 상승 문제를 야기하며 실제로 기업이 활용할 수 있는 자금의 위축을 가져온다. 은행의 가계대출 비중이 높아지는 것을 쉽게 관측할 수 있다. 저축률 하락과 더불어 투자율도 감소하였다. 1991년도 투자율은 GDP 대비 41.2퍼센트에 달했으나 2022년도 투자율은 31.1퍼센트까지 떨어졌다. 투자 수익률이 하락함에 따라 투자율이 하락하고 물적자본의 축적률이 낮아져서 경제성장이 둔화되었다는 분석이 가능하다. 미국처럼 자본 유입이 큰 경제에서는 국내 저축률이 하락하더라도 해외에서 유입된 투자의 증가로 투자율의 하락을 막을 수 있다. 그러나 한국은 개방 소국으로서 자본 유출입이 매우 잦아서 안정적인 자본 유입이 쉽지 않다. 해외직접투자FDI의 유입도 크지 않으므로 국내 저축률의 하락은 곧 투자율의 하락으로 연결된다. 최근 들어 두드러진 투자율 하락은 경제성장 둔화의 한 원인으로 볼 수 있다.

생산성 향상 둔화

지금까지 노동과 물적자본의 투입량 증가율 하락이 한국경제의 성장이 저조해진 일차적 이유라고 설명하였다. 생산요소의 투입보다 더 중요한 성장요인은 생산성이다. 생산성이 높으면 생산요소 투입이 줄어들어도 어느 정도 성장이 가능하다. 한국경제 전체의 생산성이 개선되지 않았기 때문에 성장률의 유지가 어려워졌다고 짐작할 수 있다. 경제 전체의 생산성은 총요소생산성으로 측정한다. 2008년도의 총요소생산성 증가율이 2.5퍼센트, 2010년도에는 4.6퍼센트로 높았으나 2020년도에 0.9퍼센트로 하락했고 2021년도에는 1.7퍼센트로 다소 회복되었다.[26] 총요소생산성 증가율이 하락한 이유는 다양하다.

먼저 인구구성의 변화가 경제 전체의 평균 생산성에 미친 영향을 지적할 수 있다. 한국은 세계에서 가장 빠르게 고령화가 진행되고 있는 국가이다. 2000년에 고령 인구의 비율이

26 OECD, 「https://stats.oecd.org, Growth in GDP per capita, productivity and ULC」 2023. 3.

7퍼센트였으나 2008년에 10퍼센트를 넘고 2022년에는 18퍼센트로 크게 상승하였다. 2020년 세계 평균 고령 인구 비율은 9.3퍼센트이므로 한국의 높은 고령화 수준을 짐작할 수 있다. 초고령화 사회는 65세 이상 인구의 비율이 20%를 초과하는 경우를 일컫는다. 한국의 고령화 속도를 보면 초고령화 사회가 목전에 다가왔다고 볼 수 있다. 더욱이 고령화 진행 속도가 세계에서 가장 빠르다. 일반적으로 고령 노동자의 생산성이 더 낮다고 봐야 한다. 고령자 비율이 높아질수록 노동인구 전체의 평균 생산성이 하락할 것이다. 이 문제는 출산율을 높여서 젊은 연령층 인구의 비율을 높이는 방법으로 해결해야 하지만 결코 쉽지 않다.

한국의 평균 생산성이 낮아진 이유로 산업구조의 변화도 들 수 있다. 자본 집중도가 높아지더라도 서비스업은 제조업과 달라서 생산성 향상이 크게 나타나지 않는다. 더욱이 다른 선진국에 비해 한국의 서비스업 생산성은 낮은 편이다. 한국은 공업화industrialization를 통해 급속도의 경제성장을 경험하였으나 이제는 탈공업화deindustrialization의 진행에 따라 성장률이 하락하는 추세에 있다. 한국의 산업구조는 개발 초기와는 크게 달라져서 이제는 서비스산업이 가장 중요한 산업으로 자리를 잡았다. 부가가치를 기준으로 볼 때 1970년도에 서비스업은 43.8퍼센트를 차지하였으나 계속 높아져서 1980년도에 50퍼센트를 넘게 된다. 최근 자료를 보면 2022년도에 서비스산업은 전

산업 부가가치의 63.5퍼센트를 차지하고 있다. 종사자 비율로 보면 서비스산업의 비중이 더 높다. 2022년도에 서비스업 종사자 비율은 72퍼센트로 매우 높다. 다른 산업에 비해 서비스산업은 속성상 노동생산성이 낮다. 서비스산업이 한국의 가장 중요한 산업이 되었으므로 사실상 서비스산업의 생산성이 한국경제 전체의 생산성을 좌우한다고도 볼 수 있다. 서비스산업의 낮은 생산성은 경제 전체의 평균 생산성 하락을 가져오며 경제성장률의 하락과 직결된다.

앞으로 서비스산업의 중요성은 더욱 커질 것이다. 국가 간 재화의 거래는 어느 정도 한계에 도달했다. 그동안 서비스는 교역의 대상이 되기 어렵다고 생각했다. 그러나 기술의 발전으로 서비스의 원거리 판매가 가능해졌다.[27] 원격tele-presence 금융, 원격 의료서비스, 원격 자문, 원격 교육 등이 가능해진 세상이다. 서비스의 수출도 얼마든지 가능하다. 현재 한국의 서비스업 경쟁력이 타국에 수출할 정도로 높다고 보기는 어렵다. 한국 서비스업의 국제 경쟁력이 취약하다는 점은 앞으로 성장 잠재력을 낮추는 요인으로 작용할 것이다.

인구구조와 산업구조의 변화가 생산성 정체를 초래한 것은 분명하다. 그러나 생산성이 향상되지 못하고 있는 주원인은 기술 발전 속도가 정체된 데에서 찾아야 한다. 원천 기술은 아직

---

27 Baldwin, *The Great Convergence*, 2016 (그레이트 컨버전스, 2019).

도 외국에 의존하고 있으며 신기술 개발 능력은 크게 개선되지 않았다. 기술 수준을 나타내는 지표로 특허 출원 통계를 많이 이용한다. 한국의 2021년 세계지식재산기구WIPO 국제특허 출원 수는 세계 4위에 해당한다. 이 순위는 중국, 미국, 일본 다음으로 높은 순위이다. 그러나 특허 출원 수가 많다고 해서 반드시 기술 수준이 향상되었다고 보기는 어렵다. 핵심 기술의 개발이 더욱 중요하다. 한국의 경제발전 단계로 볼 때 이제는 선진국의 기술을 모방하고 따르는 단계를 벗어나 신기술을 개발하여 선도하는 역할을 해야 한다. 세계 기술을 선도할 만한 역량이 있는가에 대해 고민하는 단계에 와 있다. 국가별 노벨상 수상자의 수를 보면 한국은 아직 과학 분야의 노벨상 수상자를 배출하지 못했다. 일본은 그동안 25명의 노벨상 수상자를 배출했으며, 그중 22명이 물리, 화학 및 생리 의학 등 과학 분야의 수상자이다. 중국도 물리와 생리 의학에서 3명의 수상자를 배출했다. 간단한 통계이지만 이것만 봐도 한국의 기초과학 발전 수준이 기대에 미치지 못하고 있다.

기술지식은 공공재이므로 외국으로부터 수입에 의존할 수 있지만 기술의 수입도 과거에 비해 어려워졌다. 한국이 필요로 하는 최고 수준의 기술지식은 쉽게 수입하지 못한다. 국가 안보의 목적으로 철저히 보호되는 경우가 많다. 최근에 반도체산업을 중심으로 동맹국 사이의 결속 노력을 보면 최첨단 기술을 둘러싼 국가 간 경쟁이 얼마나 치열한가를 알 수 있다.[28]

이처럼 신기술의 개발이나 수입에 있어서 어려움이 커졌다.

기술 발전이 필요한 분야로 대개는 첨단산업을 연상한다. 그러나 경제는 첨단산업만으로 구성되어 있지 않다. 상당 부분의 전통산업이 여전히 남아 있다. 모든 부문에서 기술 발전을 통해 생산성이 높아져야 경제의 전반적인 성장이 가능하다. 서비스업은 제조업보다 기술 발전이 더딘 산업이다. 보몰Baumol이 '비용질병cost disease' 현상이라고 명명하였듯이 서비스 분야는 기술 발전이 매우 느리게 나타난다. 자본과 결합하여 노동생산성을 증가시키기가 어렵다. 무대 위에서 공연하는 연주 단체를 예로 들어 보자. 기술 발전이 되더라도 일정 수의 연주자가 반드시 필요하다. 원천적으로 노동을 절약하고 기계로 대체하기 어렵다. 패스트푸드점에서는 키오스크를 통한 주문, 직접 고객이 음식을 가져가고 반납하는 방식 등으로 비용 절감이 가능하지만 고급 레스토랑의 경우에는 기계가 서비스를 제공하기가 어렵다. 물론 모든 서비스업에서 공통적으로 나타나는 현상은 아니다. 금융·보험 분야는 인력을 절감하는 기술 혁신이 매우 빠르게 나타나고 있다. 아마도 교육 분야에서도 상당한 기술 발전이 가능할 것이다.

---

28 반도체를 둘러싼 국가 간 치열한 경쟁에 관해서는 권석준, 『반도체 삼국지』, 2022 또는 Miller, *Chip War: The Fight for the World's Most Critical Technology*, 2022 (칩 워, 누가 반도체 전쟁의 최후 승자가 될 것인가, 2022)를 참조할 수 있다.

문제는 한국 서비스업의 생산성은 매우 낮다는 데에 있다.[29] 금융, 교육, 운송 등의 서비스는 수출이 가능하나 한국 서비스업의 국제 경쟁력은 높지 않다. 서비스 수출은 거의 못하고 있다. 경제 전체의 생산성이 크게 개선되지 못한 이유가 서비스업의 저생산성과 서비스업 중심의 산업구조로 재편되는 현상과 연관되어 있다.

마지막으로, 한국경제가 충분히 효율적으로 작동하고 있는지도 검토해 볼 문제이다. 경제가 효율적이지 못하면 현재의 기술을 최대한 활용하지 못하므로 생산 가능한 최대 수준을 달성할 수 없다. 경제의 효율성을 결정하는 요인은 매우 다양하며 그 중 어느 요인이 효율성에 결정적인 영향을 미치는지를 정확하게 파악하기는 어렵다. 그러나 경제의 종합적인 효율성 수준에 따라 성장률에 분명한 차이가 나는 것을 부정하기 어렵다.

경제 효율성을 결정하는 가장 기본 요인으로 먼저 경제체제의 효율성에 대해 생각해 보자. 자본주의 체제의 근간인 재산권의 확립과 시장거래의 활성화 측면에서 최근의 한국경제가 충분히 효율적이라고 볼 수 있는가. 재산권이 명확히 확립되어

---

29 Eichengreen and Perkins, *From Miracle to Maturity: The Growth of the Korean Economy*, 2012 (기적에서 성숙으로, 2014). 이 책의 4장에서 한국의 서비스업의 생산성이 매우 낮음을 통계 수치로 보여 준다.

있는가. 특히 민간의 재산권이 확실히 보장되고 있는가에 대해 생각해 볼 필요가 있다. 최근에 소득분배의 악화, 사회보장제도의 미비 등에 따르는 문제를 해결하기 위해 정부의 적극적 역할이 강조되고 있다. 세금의 인상, 정부 이전지출의 증가 등 전통적인 자본주의 작동 원리의 대폭적인 수정이 불가피해졌다. 과거와 달리 자유시장경제의 기본 원칙의 변경을 사회적으로 용인하는 분위기가 강해졌다. 이는 국민의 복지 향상에 도움이 되는 것은 분명하나 경제성장에 미치는 효과는 반드시 긍정적이지는 않다. 재산권이 수시로 침탈되는 권위주의 체제 아래에 있는 국가의 효율성이 절대로 높지 않다는 것은 모두 다 아는 사실이다. 민간의 활발한 경제활동이 최우선으로 보장되는 체제에서 성장은 극대화된다. 정부의 시장 개입이 적극적으로 발생하는 경제의 성장 잠재력이 높다고 보기 어렵다. 시장거래의 활성화 측면에서도 유보적인 경우가 많아졌다. 최저임금제도의 강력한 시행, 근로 시간에 대한 제한, 환경, 사회, 거버넌스ESG 경영의 강조 등 민간 기업의 자유로운 의사결정에 대한 제약이 많아졌다. 기업이 순전히 성장 지향적인 경영을 하기는 어려운 환경이 조성되었다. 성장 이외의 다른 가치를 추구하다 보니 경제의 효율성은 다소 희생되는 측면이 있다.

세계 정의 프로젝트World Justice Project는 매년 법치 지표rule of law index를 발표하는데, 한국의 순위는 2022년도에 세계

140개 국가 중에서 19위이다.[30] 이는 미국보다 높으나 북유럽 국가들이나 호주, 뉴질랜드에 비해 뒤처진 순위다. 2015년에는 102개국 중에서 11위였으므로 최근에 개선되기는커녕 뒷걸음질을 하였다. 법치의 확립 없이 경제가 효율적으로 작동되기는 어렵다.

경제 개방이 효율성 증진에 결정적 역할을 한다는 점은 분명하다. 한국경제가 성장에 성공한 이유는 개방의 이점을 최대한 활용한 데에 있었다. 무역을 통해 제조업을 발전시켜 오늘날 선진 부국으로 발전할 수 있었다. 개발 초기에 자본이 부족할 때 외국 자본의 유입이 없었으면 성장 자체가 불가능했다. 경제 개방에 따라 선진기술과 경영기법을 습득할 수 있었다. 세계시장을 무대로 생산을 확충하였으므로 규모의 경제를 활용하여 생산 비용을 절감할 수 있었다. 2차 세계대전 이후 미국을 중심으로 전개된 세계화의 물결을 잘 활용한 것이 성공의 열쇠였음을 부인하기 어렵다. 그러나 2008년 미국에서 발발하여 전 세계로 확산된 글로벌 금융위기 이후에 세계화의 흐름은 다소 퇴색하였다. 소위 탈세계화de-globalization의 분위기가 커지고 있다. 세계 총 GDP 대비 총무역액 비율이 1960년도에는 19퍼센트였으나, 1993년에는 29퍼센트로 상승하였고 2008년에는 50퍼센트로 정점을 찍었다. 그 후 무역의 중요성은 하락 추세를 보이며 2020년에는 42퍼센트로 하락하였다.

---

30 https://worldjusticeproject.org/rule-of-law-index

경제력 1, 2위를 다투는 미국과 중국의 갈등 역시 세계화의 순조로운 진척을 방해하는 저해 요소로 볼 수 있다. 트럼프 시절에 강화된 보호무역정책은 바이든Biden 시절에도 계승되고 있다. 중국 역시 시진핑의 주석직 연임이 확정되며 국가주의적인 경제정책을 강화할 것으로 예상된다. 더욱이 2020년 코로나의 발생, 2022년 러시아의 우크라이나 침공 등으로 각국의 보호무역 경향이 강해졌다. 한국뿐 아니라 모든 신흥국은 세계화의 도움 없이는 성장을 기대할 수 없다. 한국은 세계화의 흐름에 편승하여 성장에 성공하였지만 이제 세계화의 퇴행이 한국경제의 성장 가도에 먹구름이 될 가능성을 배제하기 어렵다.

세계화의 퇴조가 없다고 하더라도 한국경제가 과거와 같은 개방의 혜택을 누리기는 어려울 수 있다. 한국경제의 국제 경쟁력이 하락하고 있기 때문이다. 최첨단 산업에서는 아직 미국, 독일, 일본 등을 따라잡지 못한 부분이 있다. 노동 집약도가 높은 제품의 경우에는 중국 등 신흥국과의 경쟁에서 우위를 점하기 어렵다. 소위 '호두까기nutcracker 경제'라고 불릴 만큼 최고 선진국과 중진국 사이에 끼여서 경쟁력의 우위를 잃고 있다.[31] 물론 반도체산업 등 몇몇 산업에서는 세계 최고의 경쟁력을 유지하고 있지만 전반적으로 제조업의 국제 경쟁력

31 Perkins, Park, Eichengreen, and Lim, *The Korean Economy: From a Miraculous Past to a Sustainable Future*, 2015 (한국경제 - 기적의 과거에서 지속 가능한 미래로, 2018)

이 예전만 못하다. 세계화의 퇴조와 한국의 국제 경쟁력 하락으로 개방에서 얻던 성장 효과가 앞으로는 줄어들 수 있다.

한국경제의 성장 과정에서 정부의 역할은 매우 중요했다. 초기에 정부 주도의 개발 전략이 주효했고, 1980년대 이후 민간부문이 커짐에 따라 정부는 직접 역할은 축소하고 민간과 협력하는 방향으로 기조를 바꾸었다. 정부의 효율적 리더십이 한국경제의 성장에 큰 역할을 한 것으로 볼 수 있다. 그러나 최근 들어 정부의 역할은 긍정적으로 평가하기가 쉽지 않다. 집권당의 성향에 따라 성장정책이 오락가락하는 듯하다. 보수 정당이 집권하는 기간에는 성장친화정책을 추진하는 반면에 진보 성향의 정당이 집권하면 성장을 다소 희생하더라도 소득분배 개선이나 국민복지 향상 등 다른 목표를 더 중시하는 경향이 나타난다. 법인세를 올려서 정부 재정 지출 규모를 키우는 정책이 경제성장에는 부정적일 수 있다. 성장은 누가 뭐래도 기업 활동에서 비롯된다. 조세 인상이 경제활동에 부정적인 영향을 미친다는 점은 다수의 경제학자들이 동의한다. 다만 조세 수입을 성장 이외의 다른 과제를 해결하는 데 적절하게 활용할 수 있다고 하면 종합적으로 바람직한 방향으로 볼 수 있다. 소득분배의 개선이나 국민복지 향상도 당연히 추구할 가치가 있는 목표이다. 다만 성장을 제고하는 측면에서는 다소 아쉽다는 점을 지적하는 것이다. 과거와 다르게 정부가 성장 일변도의 정책을 추구하지 않는다는 점은 확실하다.

기업가정신의 쇠퇴도 지적할 수 있다. 기업가정신은 혁신을 낳는다. 기업가정신이 감퇴한 경제에서 혁신을 기대하기는 어렵다. 기업 활동은 기본적으로 모험을 감행하려고 하는 마음이 있어야 한다. 한국경제가 가난을 벗어나게 된 데에는 출중한 기업가들의 활약이 일조를 담당했음이 분명하다. 물론 지금도 기업가가 출현하고 있다. 연예산업, 정보통신산업 등에서 새로운 기업이 끊임없이 등장하고 있다. 아이디어 하나로 단기간에 엄청난 부를 축적한 신진 기업인들에 관한 보도가 언론을 장식한다. 젊은 나이에 첨단산업의 기업체를 이끌며 고액의 보수를 받는 경우도 많다. 하지만 개인이 기업가정신을 발휘하여 성공한 사례가 간혹 눈에 띈다고 해서 사회 전체적으로 기업가정신이 왕성하다고 볼 수는 없다. 기업가를 바라보는 사회 전체적인 시각이 경제 전반의 기업가정신을 좌우한다. 과거에 비해 우리 경제의 기업가정신은 퇴색한 감이 있다. 한국의 기업가정신 지수는 세계 중위권 수준에 머물러 있다.[32] 중국, 일본 등에 비해 나을 것이 없다. 모험적인 투자를 존중하는 사회 분위기, 실패에 대한 사회적 인식의 변화도 영향을 미친 것 같다. 안전을 추구하는 심리가 팽배해 있다. 청년 세대의 공무원 지망 열풍을 어떻게 해석할 수 있을까. 공무원 시험 경쟁률이 수백 대 일에 달하는 경우가 비일비재하다. 물론 공무원도 행정 서비스를 생산하는 만큼 경제성장에 어느 정도 기여는 한다. 그러나 안정적인 업무가 대부분이어서 사실상 성장을 촉진

---

32 황인학, 『인포그래픽 한국경제 100』, 2014.

하는 혁신의 주체가 되기는 매우 어렵다. 수많은 젊은이가 공무원이 되고자 열망하는 현 풍토는 기업가정신의 관점에서 볼 때 결코 긍정적이지만은 않다.

시장의 경쟁 약화도 혁신이 줄어든 이유로 지적할 수 있다. 경제가 성숙함에 따라 기득권층이 공고해져서 신생 기업의 시장 진입이 어려워졌다. 특히 정보통신산업은 네트워크효과가 작용하여 기존 기업의 독점력이 원천적으로 강하다. 초창기에는 혁신을 이끌었던 선두 기업들이 나중에는 혁신보다 오히려 독점권을 강화하는 방향으로 경영 전략을 바꾸는 경우도 많다. 지속적인 혁신 노력보다 인수 합병으로 유망한 신흥 기업들을 흡수하여 경쟁자를 도태시키는 방식으로 시장 점유율을 높여 간 사례가 많다. 독점시장에서 새로운 혁신이 줄어들었다는 연구 결과를 참고해야 한다.[33] 한국도 경제성장에 따라 기존 거대 기업의 독점화 경향이 강해지고 있다. 플랫폼 시장을 한두 기업이 지배하고 있다.[34] 창업이 어려워지고 새로운 아이디어를 실현하기 어려운 경제구조로 변모하고 있다.

혁신을 뒷받침하는 금융이 충분히 제공되고 있는가도 점검해 볼 문제이다. 혁신을 시장에서 구현하기 위해서는 자금이

33 Philippon, *The Great Reversal: How America Gave Up on Free Markets*, 2019.

34 네이버, 카카오 등이 좋은 사례이다.

필요하다. 본인 자금만으로 사업을 시작하기에는 자금이 부족한 경우가 대부분이다. 혁신은 위험성이 높은 프로젝트이다. 소위 비대칭적 정보의 문제가 강하게 작용하는 상황에서 자금을 유치해야 한다. 아이디어를 내놓은 본인에 비해 금융기관은 훨씬 부족한 정보를 가지고 투자에 관한 의사결정을 해야 한다. 이런 상황에서 누가 과감히 투자하겠는가. 전문성을 갖고 투자의 기대 수익과 위험을 평가하여 금융 서비스를 제공하는 특별한 금융기관이 필요하다. 별도의 금융기관을 꼭 설립해야 한다는 주장은 아니다. 금융기관이 그런 기능을 할 수 있어야 한다는 말이다.

한국 사회에서 재능의 배분이 효율적인가도 고민해 볼 단계이다. 인구 증가 속도가 정체됨에 따라 재능 있는 사람들의 출현이 크게 늘기는 어렵다. 재능의 총량을 크게 증가시키기 어렵다고 하면 재능 배분의 효율성을 높여야 한다. 사람들이 재능에 따라 적재적소에 배분되어야 한다. 요즘 한국에서 고등학교 졸업 후 대학 전공을 선택하는 것을 보면 재능이 특정 분야에 집중되는 경향이 강한 것 같다. 문과의 우수한 학생들은 법학이나 상경계열, 이과의 경우는 의학계열에 집중된다. 카이스트 졸업생의 상당수가 의학계열로 전공을 바꾸는 현상을 어떻게 이해할 수 있을까. 한국의 우수한 인재들이 모두 법학이나 상경계, 의학에만 적성이 있다고 보기는 어렵다. 각 분야에 필요한 재능이 효율적으로 배분되지 않는 것이다.

재능이 금융 분야에 과다하게 집중되는 현상은 전 세계에서 나타난다. 금융발달이 경제성장을 촉진하는 것은 분명하나 금융의 과다 공급too much finance은 재능 있는 사람의 편중을 가져온다. 보몰이 우려한 것처럼 금융발달이 지나치면 재능의 편향된 배분이 발생한다. 금융산업의 팽창이 다른 산업의 성장을 저해하여 경제성장이 둔화될 수 있다.[35] 금융은 본질적으로 독점력을 갖고 있으므로 종사자들에 대한 보상이 크다. 개인으로서 금융업에 취업하고자 하는 것은 당연하다. 그러나 경제 전체의 효율성 측면에서 보면 인재가 금융업에 지나치게 집중되는 지금의 세태는 결코 바람직하지 못하다. 금융의 과다 공급은 지나친 위험 감수 경향을 낳아 사회적 비용이 커질 수 있다. 금융의 본원적 기능은 자금의 중개를 통해 실물 경제의 성장을 촉진하는 데에 있다. 그런데 최근 금융시장의 동향을 보면 자금 중개보다 자산 거래에 치중하는 경향이 보인다. 위험을 감수하며 고수익을 추구하는 투자 행태가 만연되어 있다. 지나친 위험 감수에서 비롯된 금융 불안정 또는 금융위기는 사회적 비용을 크게 한다. 실제로 미국에서 발생한 2008년의 금융위기의 원인은 금융기관의 지나친 위험 추구 행태와 연관된다. 결국 공적 자금의 지원으로 위기를 극복할 수 있었으며 이는 고스란히 사회적 비용으로 전가되었다.

---

35 Philippon and Reshef, “Wages and Human Capital in the U.S. Finance Industry: 1909—2006”, *The Quarterly Journal of Economics*, 2012.

자금 배분의 효율성도 개선되지 못했다. 경제개발 초기 단계에서 금융은 산업정책의 보조 수단 정도로 취급되었다. 정책적으로 대부분의 자금이 제조업에 흘러 들어갔다. 수출 기업이나 중화학 기업에 우선 배정된 정책금융은 경제성장에 나름 긍정적인 효과를 발휘하였다. 그런데 외환위기 이후 은행의 대출 유형이 크게 달라졌다. 최근 자료를 보면 기업 대출보다 가계 대출의 비중이 커지고 있다. 2000년도에는 은행 대출의 31.2퍼센트가 가계대출이었으나 2008년도에는 53.0퍼센트로 크게 증가하였다. 그 이후에도 40퍼센트대를 유지하고 있으며 2021년도에는 44퍼센트의 은행 대출이 가계대출이다. 가계대출의 증가는 부동산, 주식 등 자산가격의 폭등을 유발할 뿐 경제성장에 크게 기여하지 않는다. 물론 이는 한국에서만 나타나는 현상은 아니다.[36]

기업 활동enterprising이 왕성한 경제가 성장에 더 효율적이다. 최근 한국의 청년들 사이에 기업가entrepreneur보다 임대소득자rentier를 선망하는 분위기가 강해졌다. 무엇인가를 새롭게 만들어서 수익을 내기보다는 보유한 자산의 가치 상승을 기대하는 것이 더 현실적인 부의 축적 수단이 되었다. 소득과 같은 유량 변수보다 자산 등의 저량 변수가 더 중요한 경제로 변모하였다.[37] 자산경제의 출현은 전 세계적인 현상이다. 자산이 중요

---

36 Turner, *Between Debt and the Devil: Money, Credit, and Fixing Global Finance*, 2017 (부채의 늪과 악마의 유혹 사이에서, 2017).

해진 이유는 금융의 팽창과도 관련되어 있다. 토지나 주택 등 실물자산의 공급은 비교적 제한되어 있는데 금융의 팽창을 배경으로 자산에 대한 수요는 폭발적으로 증가함에 따라 자산 가격이 상승하는 구조가 정착되었다. 터너가 지적하였듯이 사실상 금융은 무한대로 커질 수 있다. 최근에 주택담보대출이나 전세보증금 대출 등의 폭발적 증가가 한국의 부동산 가격 상승을 견인한 것은 분명하다. 힘들여 기업 활동을 하는 것보다 부동산 가격의 상승을 통해 부를 축적하는 것이 더 쉬운 세상이 되었다. 무엇인가를 만들어 내는 사람보다 다른 사람이 생산한 것을 가져가는 사람이 더 부유해지는 경제에서 성장을 기대하기 어렵다. 메이커보다 테이커에게 더 많은 수익이 배분되는 경제구조로 이행하는 경향이 보인다.[38] 이는 결코 성장에 유리한 구조가 아니다.

경제성장에 대한 사회적 인식의 변화에 대해서도 언급하지 않을 수 없다. 한국경제의 성장 배경에는 개인의 성공 욕구와 국가의 성장을 우선시하는 사회적 분위기가 있었다. 그러면 최근의 문화는 어떠한가. 젊은 세대의 문화를 보면 양적 성장을 절대적으로 추구하는 경향은 사라졌다. 요새 유행하는 욜로 Yolo 문화는 굳이 성장을 중요하게 생각하지 않는 분위기를 낳

37 Adkins, Cooper and Konings, *The Asset Economy*, 2020 (이 모든 것은 자산에서 시작되었다. 2021).

38 Foruhaar, *Makers and Takers*, 2016 (메이커스 앤드 테이커스, 2018).

았다. 성공을 위하여 밤새워 일하는 청년은 칭송받지도 않고 일반적이지도 않다. 굳이 죽을 정도로 일하지 않아도 먹고 사는 데에 별 지장이 없다. 취업 지망생이나 실업자에게 한시적이기는 하지만 정부 재정으로 보조금을 지급하는 복지정책이 일하는 분위기에 어떤 영향을 미쳤을까. 사회 전체적으로도 여가를 중시하고 개인의 선택을 존중하는 분위기가 강하다. 정부의 정책도 소득분배 개선, 사회적 불균형 조정 등이 더 우선 과제라는 데에 동조하는 분위기가 강해졌다. 정부도 이러한 시대정신에 맞추어 성장 친화적 정책보다는 사회통합을 위해 재정을 투입하는 정책을 택한다. 이는 경제성장의 측면에서는 긍정적이지 않다는 점을 지적한다.

지금까지 경제성장 이론을 토대로 한국경제의 현황을 살펴봤다. 최근 들어 경제성장률이 낮아진 이유를 요약 정리하면, 노동과 물적자본 등 생산요소의 투입 증가율이 낮아졌고, 기술 발달 속도도 둔화되었으며, 경제체제의 효율성도 예전보다 낮아진 데에서 찾을 수 있다. 선진국이 됨에 따라 과거처럼 노동이나 물적자본을 맘껏 투입하기는 어렵게 되었다. 기술 발달이 지체되는 것은 모든 나라가 다 당면한 문제이다. 문제는 효율적인 경제체제를 유지하는 데에 있다. 경제의 효율성 측면은 아직도 개선의 여지가 있다.

3. 경제성장을 위한 정책

최근 한국경제의 성장 둔화 현상은 경제성장 이론에 비추어 볼 때 충분히 납득할 만한 결과이다. 노동, 자본 등 생산요소의 투입 증가율이 낮아졌고, 노동의 질을 좌우하는 인적자본의 축적도 만족스럽지 못하다. 그동안 선진기술을 주로 수입해 왔으나 이제는 우리가 기술 개발을 선도해야 한다. 끊임없이 기술이 발전해야 하나 그러지 못했다. 경제의 효율성 역시 크게 개선되지 못했다. 세계화의 퇴조와 국제 경쟁력이 뒤처짐에 따라 개방에서 얻을 수 있는 이점이 줄어들었다. 복지 수요의 증가로 성장 친화적인 정책도 예전만큼 강력하지 않다. 개인이나 국가나 생산보다는 전용diversion에 더 집중하는 경향이 보인다. 기업가정신도 퇴색하고 문화적으로도 경제성장에 대한 열망이 식었다고 볼 수 있다.

분명히 성장률이 추세적으로 하락하고 있다. 한국경제에 대한 비관론이 식지 않는다. 마치 남미의 국가들처럼 한순간에 다시 중진국으로 후퇴할 것이라는 극단적인 비관론도 있다. 그러나 한국경제가 갑자기 몰락하는 경우는 상상하기 어렵다. 성장 요인이 충족되지 않아서 성장률이 급감해야 하는데 그런 일이 벌어지기는 쉽지 않다. 마치 사막의 신기루처럼 화려했던 한국경제가 순식간에 추락하는 일은 크게 우려되지 않는다. 그러나 경제성장률이 지속적으로 낮으면 경제 내에 새로운 문제가 커질 수 있다. 성장하는 경제에서는 다른 경제 문제가 크게 부각되지 않는다. 성장이 둔화되면 일자리 문제, 소득분배의 형평성 문제, 사회 안전망의 미흡 문제 등 다양한 문제가 모두 다 드러나게 된다. 사회 갈등의 심화가 성장을 저해하고, 성장이 안 되므로 다시 갈등과 반목이 가열되는 악순환에 빠질 수 있다. 그것이 바로 성장을 촉진하기 위한 노력이 시급한 이유이다.

경제성장 이론의 관점에서 볼 때 한국경제의 성장을 촉진하기 위한 정책 방향은 분명하다. 우선 생산요소의 투입 증가가 필요하다. 자본 축적이 지속되어야 한다. 단, 과거와 달리 현대 사회에서는 눈에 보이는 물적자본보다 지식과 같은 무형의 자본이 중요하다.[39] 기계 장비와 같은 유형의 물적자본 외에 특허권, 지적재산권 등 무형의 자본이 점점 더 중요해지고 있다. 무형의 자본까지 포함하는 자본의 축적이 경제성장의 원천임을 다시 강조한다. 자본 축적을 위해서는 국내 저축이 증가하고 해외자본의 유입이 원활해야 한다. 저축이 기업의 자금으로 연결되는 경로가 원활하게 작동해야 한다. 최근 가계대출의 증

39 Haskel and Westlake, *Capitalism without Capital*, 2018 (자본 없는 자본주의, 2018).

가로 부동산 등 실물자산 축적으로 흘러가는 부분이 너무 커져서 우려된다. 자금이 기업의 투자 자금이나 운영 자금으로 활용되지 않고 부동산 등 실물자산 매입에 너무 많이 투입되고 있다. 총대출 중 기업대출의 비율이 높을수록 경제성장에 긍정적인 효과를 미친다는 연구 결과를 참고해야 한다.[40]

노동시간의 증가로 노동 투입량의 증가를 도모하기는 어렵다. 복지사회를 지향하는 마당에 단순 노동시간을 늘리는 것은 불가능하고 바람직하지도 않다. 국내총생산에 포함되지는 않으나 여가의 중요성은 모두 공감하는 바이다. 앞으로 기계화 시대가 더욱 진척되면 노동의 중요성은 더욱 줄어들 것이다. 1인당 노동시간을 늘리지 않고 노동 투입량을 증가시키려면 노동자 수가 늘어야 한다. 경제성장은 1인당 소득의 증가를 의미하므로 인구 감소는 1인당 소득의 증가를 가져올 것으로 착각할 수 있다. 룩셈부르크, 싱가포르 등 성공한 도시국가의 1인당 소득 수준은 가히 세계 최고 수준이다. 한국은 전혀 다른 상황에 놓여 있다. 인구가 5천만이 넘는 대국이다. 인구가 충분하면 성장 동력이 커진다는 점을 인식해야 한다. 인구가 많으면 시장이 커지므로 규모의 경제성을 활용할 수 있고, 재능 있는 기업가의 수도 더 많아지므로 혁신에 유리하다. 출산 장

40 Beck, Beyekkarabacak, Rioja, and Valev, “Who Gets the Credit? And Does It Matter? Household vs. Firm Lending Across Countries”, *B. E. Journal of Macroeconomics*, 2012.

려 정책이나 이민정책으로 인구의 급감을 막아야 한다. 사람들의 노동시장 참가 의지를 높이는 것도 방안이 될 수 있다. 여성의 적극적인 경제활동 참가 유도, 고령층의 취업 기회 제공 등 노동 공급 기반을 확대하는 정책을 고려할 만하다.

노동시간을 증가시키기가 어렵다고 하면 결국 노동의 질을 향상시키는 것이 관건이다. 질 높은 노동이 투입되면 같은 시간을 들여서 더 많은 생산이 가능하다. 인적자본의 축적이 필요하다. 인적자본은 교육과 훈련을 통해 축적된다. 한국의 고등교육 이수율은 세계적으로 높은 수준이다. 그러나 고등교육의 질 측면에서는 아직 미흡하다. 대학 개혁이 필요한 이유이다. 대학 졸업자들의 생산성을 높이는 교육이 제대로 이루어져야 한다. 과연 대학생을 어떻게 교육해야 하느냐에 대해서 진지한 고민과 그에 따른 제도 개혁이 필요하다. 대학은 매우 보수적인 조직으로 개혁이 쉽지 않다는 점이 늘 문제가 된다. 대학도 변해야 한다. 경쟁 원리의 도입으로 대학이 스스로 변하도록 유도해야 한다. 학생들의 인적자본 축적에 충실한 대학이 인정받는 풍토가 확산되어야 한다.

성장을 위해서 일차적으로 노동, 물적자본 등 생산요소 투입량의 증가가 필요하지만 보다 근본적인 성장정책은 기업의 기술 개발을 촉진하는 것이다. 기존 산업의 기술도 개선해야 하고 새로운 산업을 발굴하여 성장 동력으로 활용해야 한다. 4차

산업혁명 시대에 걸맞은 신성장 동력을 발굴해야 한다. 환경 관련 산업, 바이오, AI 등이 미래를 지배할 산업 후보군이다. 민간의 적극적 참여를 유도하는 정부의 현명한 산업정책이 요구된다.

몇몇 서울대 교수들은 공저한 저서에서 혁신을 촉진하기 위한 방안을 다음과 같이 주장한다.[41] 혁신의 수요와 공급이 모두 증가하여 새로운 균형으로 이동해야 한다. 혁신의 수요를 결정하는 요인은 시장의 크기와 제도의 수용성이다. 시장의 크기는 세계시장을 적극 활용함으로써 해결해야 한다. 한국의 내수는 한정적이다. 한국경제의 성장이 무역에 의존하였기에 가능하였던 것과 같은 이유이다. 다음으로 제도의 수용성 면에서 더욱 혁신 친화적인 방향으로 규제나 법 제도가 정비되어야 한다. 혁신의 공급 측면에서는 인적자본과 기술 측면이 중요하다. 교육 기관과 회사 내 연수 프로그램 등이 혁신을 촉진하는 방향으로 개혁되어야 한다. 공정하고 유연한 제도의 정비가 따라야 한다. 새로운 운영 방식의 택시 도입을 저지한 '타다 금지법' 논란이 시사하는 바는 크다. 기존 택시업계의 이익을 위해 혁신적인 '타다'의 도입을 제한하는 실책을 범하였다. 혁신을 조장하기는커녕 방해했다는 점에서 볼 때 매우 아쉬운 조처였다. 타다 금지와 택시 요금의 인상에도 불구하고 전통적인 택시업계의 어려움이 해소되지 않고 있다는 점을 간과해서는

41 서울대학교 경제혁신센터, 『혁신의 시작』, 2021.

안 된다. 혁신을 막으면 기득권의 이익이 보호될 것이라는 생각은 착각이다. 혁신의 저지는 사회 전체적으로 손실을 초래한다.

현재 한국 몇몇 기업의 기술 수준은 세계 최고 수준에 올라 있다. 높은 생산성으로 글로벌 가치사슬에 당당히 포함되어 있다. 그러나 혁신에 의한 생산성 향상이 일부 글로벌 기업에만 국한되어서는 경제 전체의 성장을 기대할 수 없다. 경제 모든 분야에 혁신이 확산되어야 한다. 대학 교육 서비스 분야를 예로 들어보자. 과거에 비해 한국 대학들이 질과 양 측면에서 생산성이 향상되었다고 보기 어렵다. 교수가 제공하는 강의 서비스의 생산성이 높아졌는가. 더 많은 학생들에게 더 높은 품질의 교육을 제공하고 있는가에 대해 성찰해 볼 필요가 있다. 외국 유학생들을 대거 유치할 정도의 높은 수준의 교육 서비스 공급이 가능해야 한다.

산업구조의 재편도 고려해야 한다. 고부가가치 산업 위주로 산업구조가 형성되면 자연히 부가가치 창출 크기가 커질 것이다. 고부가가치 산업을 선정하여 집중 지원하는 정책적 혜안이 요구된다. 4차 산업혁명 시대에는 시장에 대한 관점도 변할 필요가 있다. 과거에는 기업의 경쟁 정도를 단지 시장 내의 기업의 수로 측정하였다. 거대 기업의 시장 점유율이 높아지면 독점에 대해 우려한다. 그러나 정보통신산업 위주로 산업구조가 변천한 시대에 시장의 독점화는 불가피하다. 네트워크효과가 강한 산업에서는 소수의 기업이 독점하는 경향을 막기 어렵다. 전통적인 시각에서 시장을 이해하고 현대에는 불필요한 규제를 가할 가능성을 경계해야 한다. 다만 독점의 증가로 경쟁이 가져다주는 효율성 제고의 이점이 상실되는 측면도 있다. 빅테크의 부상은 시장의 통합으로 규모의 경제 효과가 커지는 긍정적인 효율성 개선 측면도 있지만 혁신을 촉진하는 경쟁이 약화된다는 부정적인 측면도 있다. 독점 기업이 안주하지 않고 혁신에 앞장서도록 유도하는 정책이 필요하다. 한국의 카카오, 네이버 등 IT산업 공룡 기업들의 혁신을 독려하는 노력이 필요하다.

경제성장을 도모하기 위해 생산요소의 투입을 늘리는 것은 쉽지 않다. 기술 발전을 촉진하는 것도 모든 선진국이 당면한 과제이나 달성하기 쉬운 정책 대안은 아니다. 마지막으로 고성장을 위해 경제체제의 효율성을 높이는 방안이 있다. 경제성장 단계에 따라 정부의 역할은 달라져야 한다. 개발 초기에는 부족한 자원을 효율적으로 쓰기 위해 정부의 시장 개입이 상당한 정도로 정당화되었다. 현재 한국경제의 수준은 그 단계를 넘어섰다. 정부의 역할을 재정립해야 한다. 정부의 시장 개입을 최소화하고 정부의 역할은 복지정책의 시행에 그쳐야 한다. 기본적으로 민간경제가 활성화되어야 하며 정부는 시장 질서를 확립하고 약자를 보호하는 데에 주력해야 한다. 소득분배의 형평성이 악화되고 사회안전망이 미비한 상황이므로 복지정책의 확대를 외면하기 어렵다. 다만 무분별한 복지정책의 남발로 성장 동력이 저하되어서는 안 된다.

과거 한국경제의 성장에 정부의 리더십이 긍정적인 역할을 해 온 것에 비해 최근 정부의 역할에 대해서는 좋은 평가만을 내리기 어렵다. 민간 부문이 확장된 현 상황에서 정부의 역할은 달라져야 한다. 정부와 시장 사이의 적절한 역할 분담이 경제의 성장에 중요하다는 것은 역사적 사례를 볼 때 명백하다. 아세모글루와 로빈슨의 최신작, 『좁은 회랑』에서 그들이 주장한 내용을 원용하도록 하겠다.[42] 자유를 누리기 위해 정부와 사회(시민) 사이의 균형이 필요하며, 이는 문gate을 통과하듯이 한 번만 통과하면 달성되는 것이 아니다. 좁은 회랑corridor을 지나듯이 양자 사이의 균형이 지속적으로 유지되어야만 성취할 수 있다. 이는 경제성장의 지속을 위한 조건에도 적용할 수 있다. 정부의 적절한 역할과 시장경제의 활성화 사이의 균형을 마치 회랑을 지나가듯이 지속적으로 충족해야 한다.

정부의 지배구조도 조심스럽게 검토할 필요가 있다는 주장이 있다. 5년 단임제 대통령 제도로서는 성장정책을 일관되게 추진하기 어렵다. 아울러 관료의 유인체계도 정비할 필요가 있

---

42 Acemoglu and Robinson, *The Narrow Corridor: States, Societies, and the Fate of Liberty*, 2019 (좁은 회랑 : 국가, 사회 그리고 자유의 운명, 2020).

다. 개발 초기의 경제 관료들의 능력과 의욕에 비해 요즈음 관료들의 행태는 아쉬운 점이 많다.

미중 무역전쟁으로 대변되는 대외 환경의 변화에 어떻게 대처할 것인가는 목전에 닥친 가장 중요한 문제이다. 한국경제의 성장은 자유무역이 확대되는 기간에 수출 주도의 성장정책을 추진한 결과임을 부인하기 어렵다. 그동안 중국이라는 엄청난 시장을 통해 한국경제는 특수를 누릴 수 있었다. 미중 간의 갈등이 어느 정도 봉합되더라도 과거에 비해 훨씬 불리한 대외 환경에 맞닥뜨릴 것은 분명하다. 수출 다변화, 첨단 기술 산업의 경쟁력 강화 등 원론적인 정책 방향을 유지해야 한다. 자유무역 기조를 지켜 나가되 적절한 산업정책도 필요하다. 산업정책은 경제개발 초기에나 채택되는 정책으로 과거의 유물에 불과하다고 생각할 수도 있다. 그러나 최근 들어 세계화의 퇴조와 더불어 신산업정책new industrial policy이 대두되고 있다. 미국의 반도체법Chips and Science Act과 인플레이션 감축법IRA 등은 반도체와 전기차 배터리를 둘러싼 무역전쟁 시대의 새로운 산업정책이다. 반도체와 배터리산업은 20세기의 원유에 비견할 만큼 모든 산업에 영향을 미치는 중요한 기간산업이다. 자유시장경제의 모범을 자처하는 미국조차 자국의 이익을 위해 적극적으로 산업정책을 시행하고 있다. 하물며 따라가는 입장에 있는 한국으로서 적절한 산업정책은 반드시 필요하다.

기업가정신의 고취도 시급하다. 기업가정신을 고취하는 방향으로 문화가 형성되어야 하며 제도가 뒷받침되어야 한다. 창업을 방해하거나 지연시키는 규제가 없는지, 새로운 아이디어를 실현하는 데에 장애가 되는 요소가 없는지를 면밀히 살펴봐야 한다. 경제성장에 우호적인 문화의 조성이 필요하다. 경제를 견인하는 기업인을 존중하고 젊은이들이 기업인을 선망하는 사회적 분위기가 확고하게 정착되어야 한다. 기업가정신의 고취는 젊은 세대의 교육에서부터 시작되어야 한다. 교육현장에서 학생들에게 기업의 필요성을 이해시키고 기업가정신을 함양하는 데에 힘써야 한다. 소위 창의성을 중시하는 교육으로 대전환이 필요하다. 기업가정신이 왕성하게 발휘되려면 사람들의 마음 자세 뿐 아니라 기업 활동을 지원하는 인프라가 잘 구축되어야 한다. 우선 금융 시스템이 잘 작동해야 한다. 위험성이 높은 프로젝트에 대한 투자를 담당하는 특수 금융기관의 육성이 필요하다. 무조건 지원하라는 주장이 아니다. IT 산업과 같은 고도의 전문성이 필요한 분야는 그 분야의 전문지식을 갖춘 전문 투자자가 필요하다.

4. 마지막 제언: 바람직한 경제에 대해

다수의 학자들이 미래의 성장률이 낮아질 것으로 예측한다.

포스트 성장post-growth 시대에는 성장에 대한 시각이 달라져야 한다. 한국경제도 이제 선진국 수준에 도달했으므로 경제성장률을 높이는 데만 급급하지 말고 성장의 내용에 대해 고민할 필요가 있다. 무엇이든 많이만 생산하면 경제성장이 가능하다는 생각에 머물러서는 안 된다. GDP의 정의에 따르면 사람들의 효용을 증가시키는 재화나 서비스의 생산 증가는 모두 경제를 성장시키는 것으로 간주된다. 극단적인 예이긴 하지만 마약 생산이 늘거나 죄수를 수감하는 감옥을 많이 짓더라도 경제성장률은 높아진다. 마약이나 감옥이 사람들의 삶의 질을 정말 개선하는 결과를 가져올까. 그 누군가의 효용을 증가시킬 수는 있으나 사회적으로 바람직한 재화는 아니다. 되도록 사람들의 삶의 질을 개선하는 재화나 서비스를 생산하는 것이 더 낫다. 마약보다는 암 치료제, 감옥보다는 병원이나 학교를 짓는 것이 사람들의 삶의 질을 개선하는 방향에 더 맞다. 이제는 삶을 풍요롭게 하는 효과가 큰 재화나 서비스를 생산하는 쪽으로 변해야 한다.

좋은 환경이 삶의 질에 미치는 영향이 크다. 환경을 해치며 무조건 많이 생산하면 경제성장에 성공하는가. 환경을 해치지 않는 방식으로 생산하려고 하면 단기적으로 생산비용이 커질 수 있다. 좋은 환경이 주는 혜택은 누구나 인정할 것이다. 그러나 환경의 가치가 GDP에 포함되지는 않으므로 무시하는 경향이 있다. 깨끗한 공기, 안심하고 마실 수 있는 물, 아름다운 산림 등은 분명히 삶의 질을 개선하는 효과가 있다. 개발 초기에는 다소 환경을 오염시키더라도 우선 생산을 늘리는 것이 급선무였지만 이제는 달라져야 한다. 환경을 중시하게 되면 단기적으로는 생산비용을 높이고 기업 활동을 위축시킬 수도 있다. 그러나 환경 친화적인 생산 방식을 개발하는 과정에서 새로운 혁신이 가능할 수 있다. 환경 보호에 필요한 재화나 서비스를 생산하는 분야가 새로운 성장산업으로 등장할 수 있다. 간단한 사례이지만, 커피를 마실 때 과거처럼 일회용 종이컵보다 텀블러를 사용하게 되었다고 하자. 종이컵이 낭비되었을 때보다 환경에는 좋은 영향을 미치게 될 것이다. 쓰레기도 적어지고 삼림 훼손도 줄어들 것이다. 종이컵 생산은 줄어드는 대신에 텀블러 생산이 증가하게 된다. 여러 가지 아이디어로 다양하고 쓸모 있는 텀블러가 생산될 테니 GDP 증가에도 기여할 수 있다. 환경 보호를 위한 재화와 서비스를 생산하는 산업이 새로운 부가가치를 생산하게 되므로 성장에도 도움이 된다.

경제성장과 더불어 고민할 또 하나의 문제는 일자리의 유지이다. 기술 발전에 따라 기업들이 노동 절약적인 기술을 채택하게 되어서 사람들의 일자리가 줄어들었다. 산업혁명 시대에도 기계화에 따른 일자리 상실에 대한 우려가 있었다. 러다이트Luddite 운동은 기계의 도입으로 일자리를 잃은 군중들이 기계를 파괴하는 등 과격한 반대를 한 사건이다. 그러나 기계화로 일자리가 사라지기도 했으나 새로운 일자리의 창출도 많았다. 크게 걱정할 필요 없다는 낙관론자의 예견대로 기계의 도입에도 불구하고 실제로 고용이 증가하고 경제는 성장하였다. 4차 산업혁명 등 지금 벌어지는 급속한 기계화로 실업의 우려가 커지고 있다. 산업혁명 때처럼 실업의 공포가 이번에도 기우에 그칠 것이라는 주장도 있다. 하지만 이번에는 좀 다른 것 같다. 일찍이 케인스Keynes가 예견한 대로 어쩌면 인류는 예전보다 훨씬 적게 일하는 시대를 맞이하게 되었는지도 모른다.[43] 고용이 대폭 줄고 기술적 실업이 만연할 가능성이 높다. 적게 일해도 생산은 늘어날 수 있다. 즉 고용 없는 성장growth without employment의 시대가 임박해 있다.

일자리는 단지 소득의 원천이 아니라 인간의 존엄성에 큰 영향을 미친다. 아무 일도 하지 않고 놀기만 하는 세상을 상상해 보라. 어떤 보람도 삶의 의미도 찾기 어려울 것이다. 인간으로서 품위 있는 삶을 살기 위해 모두에게 일할 수 있는 권리가 보장되어야 한다. 새로운 산업혁명 시대에 일자리를 유지하기 위해 여러 방안들이 제기되고 있다. 일자리 나누기job sharing로 한 직무를 여러 사람이 나누어서 일을 하는 방안도 있을 수 있다. 로드릭Rodrik은 노동을 증가시키는 방향의 기술 개발이 필요하다고 주장한다.[44] 아세모글루의 인간을 보완하는 노동자

---

43 Keynes, *Essays in Persuasion*, 1931 (설득의 에세이, 2017). 케인스는 2030년이 되면 대다수의 사람들이 일주일에 15시간 이하만 일하게 될 것이라고 예측한 바 있다.

44 Rodrik, "Reviving Appropriate Technology", Project Syndicate, 2022.

친화적인 AI의 개발 등도 흥미로운 제안이다.[45] 하지만 이런 제안들이 현실적으로 실행 가능한가는 더 두고 봐야 한다. 일자리와 성장을 같이 실현하는 문제가 현세대의 고민거리로 등장하였다.

기술 발전의 방향에 대해서도 진지한 고민이 필요하다. 최신작 『권력과 진보』에서 아세모글루와 존슨Johnson은 많은 역사적 사례를 검토한 결과 기술 발달이 반드시 모든 사람에게 이득을 가져다 준 것은 아니라고 주장한다.[46] 기술 발달의 방향과 내용은 선택의 문제로 사회적 요인들의 영향을 받아 결정된다. 일례로 18세기 영국에서 시작한 산업혁명 기간에 엄청난 기술 진보가 발생한 것은 분명하나 노동자 등 보통 사람들이 누리는 삶의 질 향상은 한참 후에 여러 가지 사회적 힘이 작용하여 그 결과로 발생하였다. 챗GPT, 자동화, AI 등 기술 발달이 미치는 영향을 이제 평범한 사람들도 체감할 수 있는 지경까지 왔다. 기술의 급진적 발달에 대해 사람들은 일종의 환상을 갖고 있지만 실제로 우리의 삶을 개선할지는 불확실하다. 기술 발달의 방향과 내용에 대해서 고민해야 한다. 기술 발달이 실제로 생산성 향상을 가져오느냐가 중요한 관건이다.

---

45 Acemoglu, Autor, and Johnson, "Can we have pro-worker AI? Choosing a path of machines in service of minds", *CEPR Policy Insight* No. 123, 2023.

46 Acemoglu and Johnson, *Power and Progress: Our Thousand Years Struggle over Technology and Prosperity*, 2023 (권력과 진보, 2023).

그저 그런 자동화so-so automation가 경제성장을 촉진하기는 어렵다. 어떻게 하면 기술 발달이 경제 전반의 생산성을 개선할 수 있을지에 대한 진지한 고민이 필요하다.

성장이 소득분배에 미치는 영향에 대해서도 생각해 봐야 한다. 아세모글루와 로빈슨은 포용 성장inclusive growth 없이는 성장이 지속될 수 없다고 주장한다.[47] 포용 성장은 성장의 과실을 특정인이나 특정 세력이 독점하지 않는 상태를 의미한다. 포용 성장의 반대인 수탈적 성장extractive growth, 즉 특정 그룹에게만 혜택을 주는 성장 방식은 결코 지속될 수 없다. 포용 성장을 추구하게 되면 소득분배 문제를 어느 정도 대처할 수 있다. 자본주의 경제의 가장 큰 고민은 소득분배의 악화 현상이다. 모든 국가들이 예외 없이 이 문제에 골머리를 앓고 있다. 시장경제 체제에서 소득분배의 개선은 쉽지 않은 과제이다. 자유로운 거래와 재산권을 명확히 지키는 경제체제에서는 승자와 패자가 나올 수밖에 없다. 특히 기술과 지식이 중시되는 경제, 그리고 시장 규모가 점점 더 확대되는 경제는 승자가 더 많이 가져가고 패자의 몫은 더욱 쪼그라드는 구조적 결함을 안고 있다. 승자와 패자 사이에 보상의 차이가 너무 커지면 사회통합도 어렵고 민주주의 정치체제 하에서는 지속이 불가능하다. 다수의 원칙을 수용하는 민주정치에서는 소득분배의 교

---

47 Acemoglu and Robinson, *Why Nations Fail*, 2012 (왜 국가는 실패하는가, 2012).

정을 요구하는 다수의 의견이 늘 승리하기 때문이다. 정부는 조세와 이전지출 정책을 통해 소득분배의 불균형을 조정하려고 하나 그 한계는 명확하다. 성장과 분배를 어떻게 조화롭게 추구할 수 있을까. 성장하는 경제에서 자연히 발생하는 분배의 악화 문제를 어떻게 해결할 수 있을까. 사회적 이동성social mobility 또는 세대 간 이동성inter-generational mobility을 높이는 방법으로 대처하는 것이 그나마 나은 방법이다. 혁신이 존중되는 사회에서 사회적 이동성이 높아진다. 소수의 혁신가가 크게 성공하면 통계적으로 소득분배는 악화될 수 있다. 그러나 비록 소득분배 지표가 나빠졌다고 해도 사회적 이동성이 높아지면 문제는 훨씬 덜하다. 가난한 사람이 혁신을 통해 큰 부를 일구었다고 가정해 보자. 소득분배 지표는 나빠질 수 있으나 부자와 빈자의 구성이 달라졌다는 점에서 보면 괜찮은 결과로 볼 수 있다. 부자와 빈자 사이의 소득 차이는 여전히 크지만 누구든지 부자가 될 수 있는 기회가 막히지만 않는다면 참을 만하다. 혁신이 중요한 이유가 거기에 있다. 아기옹 등은 혁신이 소득분배를 악화시킬 수 있으나 사회적 이동성의 개선에는 도움이 될 수 있다고 주장하였다.[48] 사회적 이동이 허용되는 사회는 사람들에게 기회를 준다는 점에서 빈자에게 큰 위안이 된다. 부가 세습되는 사회, 사회적 이동성이 막힌 사회는 가장 절망적이다. 사회적 이동성이 보장된 사회는 포용적이다. 성장

---

48 Aghion, Antonin, and Bunel, *Le pouvoir de la destruction créatrice*, 2020 (창조적 파괴의 힘 - 혁신과 성장 그리고 자본주의의 미래, 2022).

의 과실을 기득권 계층이 독점하지 않기 때문이다.

경제성장의 요체는 혁신이다. 혁신이 허용되고 권장되는 사회를 만들어야 한다. 노벨상 수상자인 펠프스Phelps 역시 대중의 번영mass flourishing을 위해 혁신이 중요하다고 강조한다.[49] 혁신의 문화, 근대적 가치의 추구가 번영의 원천이라고 주장한다. 대중들이 도전하고 모험하며, 일로부터 만족을 얻고, 정당한 보상을 받는 것이 바로 번영이다. 19세기에 출현한 서구의 근대 경제는 개인의 혁신을 장려하는 문화와 제도를 기반으로 대중의 번영을 구가할 수 있었다.

마지막으로 그러나 어쩌면 가장 중요한 질문을 던지도록 하겠다. 경제성장이 과연 우리가 추구해야 할 유일한 목표인가에 대한 진지한 성찰이 필요하다. 경제성장이 어느 정도 성공하면 다른 문제의 심각성이 덜해지므로 경제성장을 추구해야 한다는 본서의 주장에 동의하는가. 경제 문제는 늘 선택의 문제이다. 목표 간의 상충에서 완전히 벗어나기는 어렵다. 법인세율의 인하는 분명히 기업 활동을 촉진한다. 기업 활동이 왕성하면 고용도 많아지고 그에 따라 생산이 많아지므로 경제는 성장한다. 그러나 이 과정에서 소득분배의 형평성은 오히려 악화될 수 있다. 경제성장과 소득의 균등한 분배 사이에 상충관계

---

[49] Phelps, *Mass Flourishing: How Grassroots Innovation Created Jobs, Challenge, and Change*, 2013 (대번영의 조건, 2013).

가 나타날 수 있다. 고용을 늘리기 위해 일자리를 나누는 것이 경제성장에 꼭 도움이 되지는 않을 것이다. 두 명이 나누어서 일하는 것보다 일 잘하는 한 명이 도맡아서 일할 때 오히려 생산이 증가할 수도 있다. 그러나 고용 문제는 악화될 수 있다. 환경 보호도 마찬가지다. 되도록 환경을 보호하는 방향의 생산 방식을 채택하면 생산량이 줄어들 수 있다. 결국 우리가 추구하는 다양한 가치들 사이에 충돌이 발생할 수 있다. 물론 이 책은 그래도 경제성장을 우선시하는 것이 낫다는 시각 하에 쓰여졌다. 그러나 가치관에 따라 얼마든지 다른 견해를 가질 수 있다. 사람마다 가치관은 다를 수 있다. 성장이 다소 느려지더라도 골고루 분배하는 데에 더 치중해야 한다는 의견도 있을 수 있다. 환경을 보존하는 것이 경제성장보다 더 중요한 과제라고 생각할 수도 있다. 일자리가 골고루 주어지는 세상이 더 좋은 세상이라는 주장도 가능하다. 모든 사람이 동의하는 세상은 없다. 결국 현재의 민주주의 정치체제 하에서는 다수의 사람이 공감하는 가치관을 실현하는 방향으로 경제는 변해 갈 것이다.

여섯 번째 장

맺음말

자본 축적을 장려하고 교육의 질을 개선해야 하며 혁신을 고취하는 방향의 노력이 필요하다. 경제의 활력을 제고하는 정책과 법 제도의 뒷받침이 필요하다. 성장의 혜택이 되도록 많은 사람들에게 배분되는 경제를 지향해야 한다.

한국은 건국 이후 최빈국으로 출발하였으나 지속적인 성장에 성공한 결과 오늘날 GDP 기준 세계 10위의 경제 강국이 되었다. 특히 인구 5,000만 이상, 1인당 소득 3만 불 이상의 국가 그룹에 속하게 되었으며, 반도체, 자동차, 조선 등 제조업 강국은 물론이거니와 전 세계인을 매료시킨 한류로 문화 강국으로까지 인정받고 있다.

한국의 경제성장 요인은 복합적이다. 해외 차관과 국내 저축을 통한 급속한 물적자본의 축적, 국민의 높은 교육열에 의한 인적자본의 축적, 정부와 민간의 막대한 연구개발 투자 등이 경제성장의 원천이 되었다. 자본주의 시장경제 체제를 채택했으며 민주화와 정치적 안정 확보에 성공하였다. 개발 초기에는 정부의 효율적인 리더십이 주도했으나 1980년대 이후에는 민간 부문의 성장으로 시장경제가 정착되었다. 부존자원이 빈약하기에 무역에 의존하는 발전 전략은 불가피한 선택이었다.

오늘날 세계적 수준으로 성장한 기업들을 탄생시킨 선각자들의 기업가정신 역시 성장의 기폭제로 작용하였다. 국민의 강한 성장 열망, 전통 문화와 서구 근대 문화의 적절한 조합, 자유시장경제 체제를 공유한 국가들과의 긴밀한 협력도 성장에 긍정적인 요소로 작용하였다. 표준적인 성장이론의 관점에서 보면 한국경제의 성장은 기적이라기보다 당연한 결과였다.

1970년대 초중반에 시작한 중화학공업 육성정책은 한국경제를 도약시키는 계기가 되었다. 정부의 성공적인 산업정책 아래 성장한 전자, 자동차, 조선, 철강, 반도체 기업 등은 오늘날 세계적인 수준으로 발전하였다. 그러나 수출기업 및 대기업을 중심으로 급속도의 성장정책을 추진하는 과정에서 금융이 정상적으로 발전하지 못하였다. 금융이 제 역할을 제대로 수행하지 못하는 가운데 기업의 과도한 부채, 금융기관의 위험 관리 실패 등으로 1997년 말 외환위기를 맞게 된다. 그러나 경제 전반의 혹독한 구조조정을 통해 2000년대에는 디지털 산업 등을 중심으로 다시 성장 궤도에 들어설 수 있었다.

오늘날 세계 경제는 매우 복잡하다. 선진국은 지속적인 성장동력의 확보가 절실한 반면에 저개발국들은 여전히 빈곤의 함정에서 벗어나지 못하고 있다. 세계화의 열풍은 승자와 패자 사이의 차이를 더욱 크게 하였다. 심지어 선진국 내부에서도 세계화에 대한 불만이 제기되는 등 세계 곳곳에서 국가주의가 부활하고 있다. 미중 간의 갈등이 단순히 무역전쟁으로 끝나지 않고 패권 경쟁 또는 체제 경쟁으로 비화될 가능성도 있다. 자원 고갈에 대한 대응, 환경 보존을 위한 국제적 공조도 지지부진하다. 소득 불균형의 심화 등 자본주의 체제의 내재적 한계가 드러남에 따라 앞으로 경제체제가 어떻게 변해 갈지 쉽게 예측할 수 없다.

세계경제의 복잡한 흐름 속에서 한국경제는 고도성장 이면에 가려진 취약점들이 노정됨에 따라 과거와 같은 성장을 기대하기 어려운 것이 사실이다. 잠재 성장률이 둔화된 원인은 노동 공급이 줄어들고 저축률과 투자율이 하락하고 교육의 질 개선이 더디며 기술 개발이 부진하기 때문이다. 신흥국들이 부상함에 따라 제조업의 국제 경쟁력이 약화되고 있다. 상대적으로 서비스산업의 생산성 향상이 지체되어 선진국과의 경쟁에서도 뒤지고 있다. 경제 효율성이 예전보다 떨어진 점도 주목해야 한다. 기업가정신이 쇠퇴하였고, 다양한 이익집단의 공고화로 시장의 경쟁도가 저하되어 경제의 활력이 줄어들었다. 정부도 성장 위주의 정책만 고집하기 어려운 상황에 놓여 있다. 지속적인 성장을 위한 방안은 표준적인 경제이론에서 찾아야 한다. 자본 축적을 장려하고 교육의 질을 개선해야 하며 혁신을 고취하는 방향의 노력이 필요하다. 경제의 활력을 제고하는 정책과 법 제도의 뒷받침이 필요하다. 성장의 혜택이 되도록 많은 사람들에게 배분되는 경제를 지향해야 한다. 혁신을 촉진하며 동시에 포용을 중시하는 경제가 가장 바람직하다. 기본적으로 시장경제체제를 강화해 나아가되 경쟁에서 뒤진 사람들에 대한 기본 복지 혜택 등의 보완 조처가 필요하다.

본서는 경제성장 문제가 어느 정도 해결되면 경제 내 다른 문제도 크게 악화되지 않을 것이라는 전제 아래 성장 문제만을 집중적으로 탐구하였다. 그러나 소득 불평등의 심화, 공정한 경쟁을 저해하는 요인들, 사회안전망의 미비 등으로 물질적 번영에 비해 국민의 행복지수가 낮은 점을 심각하게 받아들여야 한다. 혁신을 통해 부를 축적한 승자는 패자를 따뜻한 마음으로 보듬어야 하며, 경쟁에서 선택받지 못한 패자들은 승자의 노고를 존중하고 감사해야 한다. 보다 근본적으로 우리 각자가 바람직한 세상에 대해 진지하게 성찰할 필요가 있다. 견해의 차이는 불가피하지만 되도록 공통점을 찾아 사회적 공감대를 형성해 나가야 한다. 민주정치체제 아래에서는 다수가 지지하는 세상을 향해 경제는 나아갈 수밖에 없다.

나가는 말

이 책은 최근 몇 년 동안 주로 학부생을 대상으로 '한국경제의 이해'라는 교양 과목을 가르치며 얻은 지식과 자료를 정리한 결과이다. 특정 교재를 지정하지 않고 강의안에만 의존하여 강의를 했으므로 따라가기에 어려움이 많았겠지만 참고 들어준 많은 수강생들에게 다시 감사를 드린다. 특히 지난 몇 년 동안은 코로나 사태로 강의실에서 강의하지 못하고 온라인 강의만 했다. 미안한 마음에 인터넷 게시판을 통해 학생들과 격의 없는 질의응답을 시도했다. 학생들의 날카로운 질문에 최선의 답을 주기 위해 자료를 찾고 생각을 정리하는 과정에서 큰 도움을 받았다. 한국경제의 과거와 현재를 이해하고 미래를 바라보는 시각을 가다듬는 데 매우 유용했다.

사실 처음에는 엄격한 학술 서적으로 기획하였다. 전공 지식을 가득 담고 각주도 자세히 제시하는 두꺼운 전문 학술 서적을 염두에 두고 집필을 시작하였다. 그러나 저자의 능력 부족을 절감하고 집필 과정에서 목표를 수정하였다. 한국경제에 관한 다양한 실증 연구에 대해 공부가 부족한 것도 이유 중 하나였다. 대학 기초 교양서 정도의 수준을 유지하며 조금은 자유롭게 저자의 주관적인 생각도 과감하게 제시하는 쪽으로 방향을 변경하였다. 평생을 대학교수로 살아왔기에 제대로 된 학술서적에 대한 선망은 있었으나 현실적인 이유로 비전공자도 읽을 만한 교양서 정도를 지향하는 쪽으로 타협한 셈이다. 부분적으로는 학술 이론의 소개도 있고 평이한 부분도 있어서 교양서와 학술서가 섞여 있다고 보면 된다. 특히 제3장 경제성장 이론 부분은 학술적인 내용이 많아서 일반 독자는 빼고 읽어도 전체를 이해하기에 큰 문제는 없을 것이다.

젊은 학생들에게 한국경제의 성장을 설명할 때 늘 고민이 되는 부분이 있다. 경제가 한창 성장할 때, 말하자면 70년대 또는 90년대까지도 지금의 젊은 세대는 도저히 상상할 수 없는 수준의 한국이었다. 아예 수백 년 전의 일이라면 그냥 역사 이야기로 치부할 수 있는데 불과 몇 십 년 전 상황이므로 학생들도 아예 자신과 상관없는 얘기로 돌릴 수는 없는지 자꾸 오늘의 시각으로 평가하려고 한다. 그때 닥치는 문제가 바로 공감의 어려움이다. 예컨대, 유교 문화가 경제에 미친 영향을 설명할 때 젊은 학생들은 공감하지 못하고 오히려 반감을 갖는다. 당연히 지금의 시각으로는 이해하기 어려운 대목이다. 그래서 한 학기 강의를 시작하기 전에 학생들에게 꼭 하는 말이 있다. 그때는 맞고 지금은 틀리다. 지금의 도덕 기준이나 가치관으로 수십 년 전 한국경제를 평가하려 들면 곤혹스러울 수 있다. 정부의 통제가 자연스레 받아들여지던 시대였고 가부장적인 유교 문화가 지배하던 시대였다. 그런 와중에도 한국이 성장에 성공했다는 엄연한 사실은 부정할 수 없다. 이제 와서 다시 그런 세상으로 돌아갈 수도 없고 돌아가서도 안 된다. 스마트폰으로 시시각각 정보를 검색하며 드론과 자율 주행차가 택배 역할까지 담당하는 세상에는 새로운 윤리가 필요하다.

그러면 굳이 과거의 한국경제에 대해 알 필요가 있는가 하는 의문이 들 수도 있다. 좀 진부한 표현이지만 역사를 알아야 미래를 계획할 수 있다. 이 책을 저술하는 동안 한국인으로서 자랑스럽다는 생각이 들었다. 이제는 세계 어디를 가도 한국인이라고 무시당하지 않는다. 개인적으로 오래 전에 외국에 나가서 한국인으로 떳떳하게 행세하지 못했던 아픈 기억이 있다. 이제 젊은 세대는 세계 어느 곳에 가든지 관심과 선망의 대상이 되었다. 한국이 경제적으로 성장하지 못했으면 결코 누리지 못할 호사이다. 현 세대의 한국인들은 선배들이 이룩한 고귀한 성취의 덕을 보고 있다는 점은 인정하길 바란다.

한국경제의 성장 과정과 이유에 대해서는 한국의 젊은 세대보다 오히려 개발도상국의 국민이 더 알고 싶어한다. KOICA 사업에 참여하여 한국경제의 성장에 대해 강의한 경험이 있다.

아프리카나 서남아시아 등지에서 유학 온 관료나 학생들은 이 주제에 대해 엄청난 관심을 보였다. 그들에게는 정말 절실한 문제일 것이다. 자기 나라와 비슷하거나 오히려 더 못한 수준에서 출발하였으나 한국은 명실상부한 선진국으로 성장하였다. 자신들의 처지를 생각하면 왜 이런 차이가 발생했을까 하는 강한 의문을 가질 수밖에 없다. 의외로 영어로 기술된 한국경제에 관한 서적이 많지 않다. 이 책이 한글로 되어 있으므로 외국인들에게 바로 참고가 되지는 않을 것이다. 누군가 한국경제의 성장에 관한 영어 책을 집필할 때 조금이라도 도움이 된다면 큰 기쁨이 될 것 같다.

나름 신경 썼으나 틀린 부분이나 애매한 부분들이 많을 것으로 짐작한다. 통계 수치나 일화의 소개에서 부정확한 부분도 있을 수 있다. 출처 없이 저자의 개인 생각을 여과 없이 적은 부분도 있다. 여러 면에서 부족한 것은 부인하기 어렵다. 그러나 한국경제의 성장을 들여다보는 시각은 명확하게 유지하려고 애썼다. 경제는 과학이다. 분명히 원인이 있어서 결과가 발생했을 것이다. 수많은 학자들이 밝힌 대로 한 국가가 성장하기 위해 필요한 요건들을 어느 정도는 다 충족했기에 오늘날의 한국경제가 가능했다고 확신한다. 결코 기적이 아니었다. 그렇다면 앞으로 번영을 지속하기 위한 정책 방향도 명확하다. 경제성장의 요인을 계속 충족해야만 미래 세대에게 풍요로운 삶을 약속할 수 있다. 다만 이제 어느 정도는 소득 수준이 높아졌으므로 성장만 추구하기보다는 진정 살기 좋은 세상을 만드는 데에도 관심을 가져야 할 것이다. 소득이 높다고 해서 모두가 살기 좋은 세상이라고 동의하지는 않을 것이다. 우리 모두 공감하는 바람직한 세상이 어떤 모습이어야 할지에 대한 진지한 성찰이 필요하다는 점을 마지막으로 피력하고자 한다.

참고 서적

권석준,『반도체 삼국지』, 2022.

서울대학교 경제혁신센터,『혁신의 시작』, 2021.

이대근 외,『한국 현대사 이해』, 2007.

한국은행,『한국의 금융제도』, 2018.

황인학,『인포그래픽 한국경제 100』, 2014.

Acemoglu and Johnson, *Power and Progress: Our Thousand Years Struggle over Technology and Prosperity*, 2023 (권력과 진보, 2023).

Acemoglu and Robinson, *Why Nations Fail: The Origins of Power, Prosperity, and Poverty*, 2012 (국가는 왜 실패하는가, 2012).

Acemoglu and Robinson, *The Narrow Corridor: States, Societies, and the Fate of Liberty*, 2019 (좁은 회랑 : 국가, 사회 그리고 자유의 운명, 2020).

Adkins, Cooper and Konings, *The Asset Economy*, 2020 (이 모든 것은 자산에서 시작되었다. 2021).

Aghion, Antonin, and Bunel, *The Power of Creative Destruction: Economic Upheaval and the Wealth of Nations*, 2021 (창조적 파괴의 힘, 2022).

Allison, *Destined for War: Can America and China escape Thucydides' Trap?*, 2017 (예정된 전쟁, 2018).

Baldwin, *The Great Convergence*, 2016 (그레이트 컨버전스, 2019).

Barro, *Determinants of Economic Growth*, 1997.

Barro and Sala-i-Martin, *Economic Growth*, 2nd ed., 2004.

Becker, *A Treatise on the Family: Enlarged Edition*, 1991.

Cohen and Delong, *Concrete Economics*, 2016 (현실의 경제학, 2017).

Collier, *The Bottom Billion*, 2008 (빈곤의 경제학, 2010).

De Soto, *The Mistery of Capital*, 2000 (자본의 미스터리, 2022).

Diamond, *Guns, Germs and Steel: The Fates of Human Society*, 1998 (총, 균, 쇠, 2005).

Eichengreen and Perkins, *From Miracle to Maturity : The Growth of the Korean Economy*, 2012 (기적에서 성숙으로, 2014).

Easterly, *The Elusive Quest for Growth*, 2002 (성장, 그 새빨간 거짓말, 2008).

Galor, *The Journey of Humanity : The Origins of Wealth and Inequality*, 2022 (인류의 여정, 2022).

Foruhaar, *Makers and Takers*, 2016 (메이커스 앤드 테이커스, 2018).

Fukuyama, *The End of History and the Last Man*, 1992 (역사의 종말, 1997).

Goodhart and Pradhan, *The Great Demographic Reversal: Ageing Societies, Waning Inequality, and an Inflation Revival*, 2020 (인구 대역전, 2021).

Gordon, *The Rise and Fall of American Growth: The U.S. Standard of Living Since the Civil War*, 2016 (미국의 성장은 끝났는가, 2017).

Haskel and Westlake, *Capitalism without Capital*, 2018 (자본 없는 자본주의, 2018).

Helpman, *The Mistery of Economic Growth*, 2004.

Henrich, *The Weirdest People in the World: How the West Became Psychologically Peculiar and Particularly Prosperous*, 2020 (위어드 - 인류의 역사와 뇌 구조까지 바꿔놓은 문화적 진화의 힘, 2022).

Hirschman, *The Strategy of Economic Development*, 1958.

Huntington, *The Clash of Civilizations and the Reclaiming of World Order*, 1996 (문명의 충돌, 1997).

Jaques, *When China Rules the World*, 2009 (중국이 세계를 지배하면, 2010).

Keynes, *Essays in Persuasion*, 1931 (설득의 에세이, 2017).

Koyama and Rubin, *How the World Became Rich : The Historical Origins of Economic Growth*, 2022 (부의 빅 히스토리, 2023).

Krugman, *A Country is not a Company*, 2009 (국가는 회사가 아니다, 2016).

Landes, *The Wealth and Poverty of Nations: Why Some Are So Rich and Some So Poor*, 1998 (국가의 부와 빈곤, 2009).

McKinnon, Money and Capital in Economic Development, 1973.

McMahon, *China's Great Wall of Debt*, 2018 (빚의 만리장성, 2018).

McNamee and Miller, *The Meritocracy Myth*, 2013 (능력주의는 허구다, 2015).

Meadows, *The Limits to Growth : A Report for the Club of Rome's Project on the Predicament of Mankind*, 1972.

Meadows and Randers, *Limits to Growth : The 30-Year Update*, 2004 (성장의 한계, 2012).

Miller, *Chip War: The Fight for the World's Most Critical Technology*, 2022 (칩 워, 누가 반도체 전쟁의 최후 승자가 될 것인가, 2022).

Mokyr, *A Culture of Growth: The Origins of Modern Economy*, 2016 (성장의 문화, 2018).

Lomborg, *The Skeptical Environmentalist Measuring the Real State of the World*, 2001 (회의적 환경주의자, 2003).

Perkins, Park, Eichengreen, and Lim, *The Korean Economy : From a Miraculous Past to a Sustainable Future*, 2015 (한국경제 - 기적의 과거에서 지속 가능한 미래로, 2018).

Phelps, *Mass Flourishing: How Grassroots Innovation Created Jobs, Challenge, and Change*, 2013 (대번영의 조건 - 모두에게 좋은 자본주의란 무엇인가, 2016).

Philippon, *The Great Reversal: How America Gave Up on Free Markets*, 2019.

Rodrik, *The Globalization Paradox: Democracy and the Future of the World Economy*, 2011 (자본주의 새판짜기, 2011).

Rostow, *The Stages of Economic Growth*, 1960.

Roubini, *Megathreats: Ten Dangerous Trends That Imperil Our Future, and How to Survive Them*, 2022 (초거대 위협, 2022).

Rozell and Hell, *Invisible China*, 2020 (보이지 않는 중국, 2022).

Schumpeter, *Theorie Der Wirtschaftlichen Entwicklung*, 1912 (경제발전의 이론, 2020).

Shaw, *Financial Deepening in Economic Development*, 1973.

Sachs, *The End of Poverty: Economic Possibilities for Our Time*, 2005 (빈곤의 종말, 2006).

Song, *The Rise of the Korean Economy*, 2003.

Turner, *Between Debt and the Devil : Money, Credit, and Fixing Global Finance*, 2017 (부채의 늪과 악마의 유혹 사이에서, 2017).

Vollrath, *Fully Grown*, 2020 (성장의 종말, 2021).

Warsh, *Knowledge and the Wealth of Nations*, 2007. (지식경제학 미스터리, 2008).

Weber, *Die Protestantische Ethik Und Der Geist Des Kapitalismus*, 1904-1905 (프로테스탄트 윤리와 자본주의 정신, 2018).